Seluba 知る・わかる・こころの旅を豊かにする
Buddhism Books
セルバ仏教ブックス

はじめての「高野七口と参詣道」入門

入谷和也 著
高野七口再生保存会 監修

セルバ出版

はじめに

　弘法大師空海の言葉に「斗藪して早く入れ、法身の里」があります。
　「一切を捨て、大日如来のいます高野山に早く入りなさい」と弘法大師空海は、高野山に登って修行の道に入ることをお誘いしています。
　弘法大師空海の入定後、修行僧などの往来だけでなく、参詣者による登山が加わることで、高野山への道はあらゆる層の人々が辿る道となり、奥之院への納骨信仰の道ともなりました。
　また、山麓の村々からは、田畑のない高野山に野菜などの食糧や花木類が運ばれ、仏具の製作や寺院建築などについても、高野山周辺の人々が支えてきました。
　いつの頃からか、高野山をめざす道は、表参道の町石道をはじめ、山麓周辺からの登山道が主に七つの入口に収束することから、「高野七口」と呼ばれています。
　現代では、様々な交通手段により高野山に入ることができますが、登山七路とも呼ばれて、古来多くの人々が歩いて登ってきた高野七口は、荒廃したり、舗装路となって改変を受け、往時の面影を残していませんでした。
　昭和52年(1977年)に高野山町石道が国史跡となり、平成16年(2004年)に世界遺産登録されることにより保護・整備され、ハイキングなどで活用されるようになりました。
　町石道に続き、高野七口のいくつかの道も、平成28年(2016年)に国史跡および世界遺産登録されたことで保護・整備がされつつあります。
　今後、高野七口すべての道の調査が進められて、保護・整備されることを願うことから、限られた紙面でありますが、本書において高野七口についての歴史や現状などを概説いたします。

2019年3月

入谷　和也

- 紙面に地図を掲載して逐次説明することに代えて、挟み込みの地図を参照いただくこととしています。
- 天保10年(1839年)に完成した『紀伊續風土記』からの引用は、『紀伊続風土記』と表記しています。
- 天保9年(1838年)刊『紀伊國名所図會』第3編にある絵図を挿入し、記述を引用しています。その場合、『紀伊国名所図会』と表記しています。
- 社会的に不適切とされる引用については、歴史的表現としてそのまま使用しています。

はじめての「高野七口と参詣道」入門　目次

はじめに

第1章　高野山と高野七口

1　高野七口と京、鎌倉の七口 ……………………………… 8
2　高野七口の名称 …………………………………………… 10
3　高野七口の特徴と変遷 …………………………………… 15
4　高野七口と女人堂 ………………………………………… 17

第2章　女人道と高野三山

1　山岳信仰と高野山 ………………………………………… 20
2　女人堂と女人道 …………………………………………… 21
3　高野三山信仰と巡礼の道 ………………………………… 23
4　女人道と高野三山の道を歩く …………………………… 25
5　高野山周辺の森林 ………………………………………… 28

第3章　大門口（高野山町石道、三谷坂、麻生津道）

1　大門口の高野参詣道 ……………………………………… 30
2　高野山町石道 ……………………………………………… 30
　①　高野山の表参道と町卒都婆 ………………………… 30
　②　『紀伊国名所図会』の町石道を歩く ………………… 31
　③　町石造立以前の高野参詣道 ………………………… 44
　④　町石道による高野参詣 ……………………………… 45
　⑤　町石の構成と曼荼羅との関係 ……………………… 46
　⑥　町石道の参詣道としての特徴 ……………………… 47
　⑦　町石道に残る修験の行場跡 ………………………… 48
3　三谷坂 ……………………………………………………… 48
　①　三谷坂を歩く ………………………………………… 49
　②　丹生酒殿神社 ………………………………………… 53

4　麻生津道（西国街道） ……………………………………… 54
　　　① 麻生津道（西国街道）を歩く ……………………………… 55
　　　② 仁和寺門跡静覚法親王の隠棲地 ………………………… 57
　　5　高野山の諸門 ………………………………………………… 59

第4章　不動坂口（京大坂道、槙尾道）

　　1　不動坂口の高野参詣道 ……………………………………… 62
　　2　京大坂道 ……………………………………………………… 63
　　　①　『紀伊国名所図会』の京大坂道を歩く ……………………… 64
　　　②　高野山開創1100年までの不動坂 ………………………… 72
　　　③　旧不動坂回想録 …………………………………………… 72
　　3　槙尾道と新高野街道 ………………………………………… 75

第5章　黒河口（黒河道・太閤道）

　　1　黒河口の高野参詣道 ………………………………………… 80
　　2　黒河道（太閤道） …………………………………………… 80
　　　①　黒河道（太閤道）を歩く …………………………………… 81
　　　②　豊臣秀吉の高野参詣と黒河道 …………………………… 90
　　　③　太閤能『高野参詣』 ………………………………………… 93
　　3　粉撞峠の地蔵石仏 …………………………………………… 94
　　4　雑事登りの復活 ……………………………………………… 96

第6章　大峰口・大滝口・相浦口・龍神口

　　1　大峰口の高野参詣道 ………………………………………… 100
　　　①　大峰道を歩く ……………………………………………… 101
　　　②　弘法大師空海と大峰道 …………………………………… 103
　　2　大滝口の高野参詣道 ………………………………………… 104
　　　①　小辺路を歩く ……………………………………………… 105
　　　②　女人くまの道と中橋家日次記（江戸時代の熊野参詣）…… 107
　　3　相浦口の高野参詣道 ………………………………………… 110

	① 相浦道を歩く	111
	② 信長の重臣・佐久間信盛の追放	112
4	龍神口の高野参詣道	114
	① 有田（梁瀬）道・龍神道を歩く	114
	② 有田（梁瀬）道の石仏	116

第7章　高野山の世界遺産

1	世界遺産高野山	118
2	世界遺産の概要	119
3	金剛峯寺	121
	① 大門地区	122
	② 伽藍地区	122
	③ 本山地区	124
	④ 奥院地区	125
	⑤ 徳川家霊台地区	127
	⑥ 金剛三昧院地区	128
4	丹生都比売神社	130
5	慈尊院と丹生官省符神社	132
6	高野参詣道	133

第8章　小考―高野七口

1	平安時代の高野御幸道	138
2	高野山町石の梵字および仏尊名	140
3	丹生大明神告門にある「奄太村乃石口」	141
4	高野街道の六地蔵堂	142
5	黒河道の経路	143
6	町石道の起点・終点と町石	144

おわりに
紀伊山地の参詣道ルール
主な参考文献

第1章
高野山と高野七口

霧に霞む高野の山々

1　高野七口と京、鎌倉の七口

高野七口とは

　「高野七口」とは、高野山への代表的な参詣道や高野山の出入口または高野山への登山口の総称として用いられました（図表1、2参照）。

　詳細は省きますが「七」は、仏教では特に意味ある数字とされています。そのためか高野七口といっても、実際には7つ以上あり、高野七口として数えられていないものもありました。

　「七口」という呼称は、近畿では都のあった京都の「京の七口」があり、関東では鎌倉幕府の「鎌倉七口」が知られています。

　高野山と京都、鎌倉とは、それぞれの時代で密接な関係があったことから、七口という同じ呼称が使われたのは偶然のものではないのかも知れません。

　京の七口は、京都と諸国とがつながる街道の出入口でもあって、その位置

【図表1　高野山惣図（『紀伊国名所図会』）】

は豊臣秀吉が京都の周囲に築いた「御土居」と呼ばれる土塁に開いた出入口に当たります。そして、御土居を境界線として、その囲まれた内部が洛中であり、外部を洛外としました。建造当時の出入口は、京の七口として数えられていないものもあり、その数は7つ以上あったようです。

高野山と密接な関係が続いた東寺近くには「東寺口（鳥羽口）」があり、時代によって変遷がありましたが、鳥羽街道で鳥羽、淀を経て東高野街道につながるなどにより、京都と高野山との往還があったと考えられます。

鎌倉七口は、三方を山で囲まれて海に面した要害の地であった鎌倉幕府の出入口でした。そして「切通」と呼ばれる険しい峠を越える道を切り開いた交通の要路でもあって、外敵の侵攻から守る防御拠点としても用いられ、その数は鎌倉七口として数えられていないものもいくつかあり、実際は7つ以上があったようです。

高野山への表参道で高野七口のひとつの「高野山町石道」が、鎌倉幕府の有力御家人、安達泰盛らの尽力で皇族・貴族、武士、僧侶をはじめとした広範な層の人々の寄進によって整備され、1町（約109ｍ）ごとに木製町卒都婆

【図表2　高野山惣図（『紀伊国名所図会』）】

1　高野七口と京、鎌倉の七口　9

から石製町卒都婆に立て替えられたのは、当時の高野山と鎌倉幕府との密接な関係によるものといえます。

　高野山は、山上の盆地に例えられ、その周囲に 1000 m 級の峰々が連なります。その尾根筋が、高野山開創以来の禁制を伴う結界線上を辿る道となって、高野山内と山外を隔てていました。

　高野山を囲む峰々の尾根筋沿いを通る結界道と高野山麓からの参詣道とが交差する周辺には、山之堂、不動堂、地蔵堂、五大尊堂などが建ち、制札が立てられていました。そして、いつの頃からか、高野参詣に来た女性のための籠り堂は、「女人堂」と呼ばれるようになりました。

　高野七口という表現は、『紀伊続風土記』によれば、織田信長の高野攻めの軍記で享保元年 (1716 年) に書かれた『天正高野治乱記』が初めとされています。

　高野山の編年史で享保 4 年 (1719 年) の『高野春秋編年輯録』などには、嘉吉 2 年 (1442 年) に赤松丹信（室町中期の武将・赤松氏の一族）率いる一団によって蓮華谷口からの乱入狼藉があって以来、「山路七口」の各口に関所を構えることとなったとの記述があります。そして、高野山町石道沿いには「関屋」の地名が残り、合戦の行われた跡とも伝わっています。

　室町時代以降、高野山の出入口は、外敵の侵攻から高野山を守るための防御拠点ともなり、交代制の番役による関銭（通行料）の徴収が天正期の豊臣秀吉の時代まで続いたとされています。

2　高野七口の名称

　高野七口の各口に対する呼称は、文献や絵図などにおいて一定せず様々で、時代によって変化などしています。ここでは、『紀伊国名所図会』［登山七路］の項を参考にして、西の方角から時計回りの順で紹介し、『高野山細見大絵図』で描かれた各口を抜粋して図示します。

大門口

　高野山の西端に位置し、その名称には、大門口、西口、矢立（八度）口、

花坂口、麻生津口、和歌山（若山）口などがあります（「図表3　高野山大門と女人堂」参照）。

高野山の表玄関として高野七口を代表し、古くはつづら折りの坂道の登り口に鳥居の形をした二本柱の門がありました。その跡地は、後に古大門跡と伝えられています。

古大門跡から坂道を数百m登り切った山上に、高野山の総門として、五間三戸、二階二重の大門が建っています。高野山の表参道の町石道は、三谷道、麻生津道（西国街道）、安楽川道、細川道など、いくつかの参詣道と合流して古大門跡を経て大門に至ります。

なお、江戸時代には、町石道から分岐して、大門から北へ数百mの弁天岳登り途中にある「札の辻」に至る馬道が街道として主に利用されるようになったようです（図表4参照）。

高野山麓の九度山町の慈尊院から高野山に至る参詣道で、弘法大師空海の高野山開創の頃から1200年を経た今に至る町石道には、五輪卒都婆をかたどった鎌倉時代にさかのぼる町石が1町（約109m）ごとに立ち、高野山への表参道として信仰の道の面影を今に残しています。

【図表3　高野山大門と女人堂】

【図表4　西口（札の辻）】

不動坂口

高野山の中心・壇上伽藍からは正北に位置し、その名称には、不動（坂）口、京口、大坂口、神谷（紙屋）口、学文路口などがあります（図表5参照）。

「この道より登詣するもの、十に八九なり」と表現されるほど、江戸時代

には最も多く利用され、高野七口の中で主要なものでした。

高野街道または京大坂道などと呼ばれて、現在、唯一高野山で女人堂が残っています。

京都からの東高野街道、堺からの西高野街道、そして大坂からの中高野街道・下高野街道が、河内長野までに合流して高野街道京大坂道となります。

この道は、大阪・和歌山の府県境にある紀見峠(きみとうげ)を越えて高野山に至る参詣道として、室町時代頃から利用者が多くなり、道沿いは旅籠や茶屋で賑わうようになりました。堺の大小路(おおしょうじ)から高野山の女人堂までには、1里(約4km)ごとの里道標石が13基立ち、そのすべてが現存しています。

【図表5 不動坂口と女人堂】

黒河口(くろこぐち)

高野山の中心・壇上伽藍からは北東に位置し、その名称には、黒河(川)口、千手院口(せんじゅいんぐち)、粉撞峠口(こつきとうげぐち)、久保口(くぼぐち)、大和口(やまとぐち)などがあります(図表6参照)。

黒河道、粉撞道、仏谷道、丹生川道などの道が合流して高野山千手院谷に至りました。現在、黒河口跡地は車道となってその痕跡を残してはいませんが、高野山にとっていわゆる鬼門(きもん)の方角に当たりました。

【図表6 黒河口と女人堂】

黒河口は、高野七口の中で重要な方角にあり、周辺に合体不動堂(がったいふどう)、山之堂、女人堂などがあり、制札が立てられていました。室町時代には、当時の金剛峯寺座主名(ざす)を刻んだ地蔵石仏が粉撞峠の祠に祀られています。

粉撞峠、黒河峠などいくつもの峠越えの険しい道ですが、大和国(奈良)方面からの近道として利用されました。

黒河道には、文禄3年(1594年)に豊臣秀吉が高野参詣の帰途に用いたことから「太閤道」と呼ばれた経路を含むなど、太閤秀吉ゆかりの地名がいくつか残っています。

大峰口

【図表7　大峰口と女人堂】

　高野山の南東と東の2か所に位置し、大峰口、蓮華谷口、野川口、東口、大和口、摩尼口などと呼ばれました(図表7参照)。大峰道、荒神道などが天狗木峠近くで合流して高野山の蓮華谷または奥之院近くの東谷に至ります。また、奥之院御廟の東で、摩尼山の南尾根を越える摩尼峠(奥之院峠)からの道が東谷に至ります。

　蓮華谷の弥勒峠近くには、五大尊堂と女人堂として利用された山之堂が建ち、その南西の八町（約880m）余りの大和口大橋のたもとに下乗橛が立てられていました。

　また、東谷の大峰道圯橋のたもとにも制札場があり、女性はそれより高野山に入ることができませんでした。

　高野山と吉野・大峰という2つの霊場を結ぶ道で、沿道には野川弁財天をはじめ弘法大師空海にちなむ伝説がいくつも残され、修験者や巡礼者の往来での賑わいがありました。大峰道沿いには役行者を浮彫した道標石などが点在しています。

大滝口

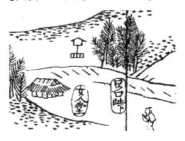

【図表8　大滝口と女人堂】

　高野山の中心・壇上伽藍からは南東に位置し、大滝口、熊野口、小田原口などと呼ばれました。紀伊山地の山々を南北に高野山と熊野本宮という2つの霊場を結ぶ道として全長約70kmの山岳道は、中辺路・大辺路とともに熊野参詣道のひとつである小

辺路でもありました。

　かつて、小田原谷の山道を登り切った轆轤峠(ろくろとうげ)には女人堂が建ち、制札が立てられていました(図表8参照)。

　小辺路は、高野山から熊野への参詣道であるとともに、奥州(おうしゅう)・関東などの東国や北陸から来た参拝者の伊勢、熊野から高野山への道でもあり、また十津川方面などからの高野参詣道でもありました。

相浦口(あいのうらぐち)

　高野山の中心・壇上伽藍から南の方角にある南谷に位置し、谷沿いには地蔵堂と山之堂があり下乗札が立てられていました(図表9参照)。

　時代によっては、山之堂が地蔵堂であり、女人堂としても利用されました。相浦口は、相ノ浦と水上(上水)峠への分岐にあり、札場の辻とも呼ばれました。

　相ノ浦集落は、高野山を南へ下ったところに位置し、織田信長の重臣・佐久間信盛(さくまのぶもり)が追放されて住み着いた所と伝えられ、豊臣秀吉がその困窮を救うために使者を遣わし金銭を贈ったとされています。

【図表9　相浦口と女人堂】

龍神口(りゅうじんぐち)

　高野山の中心・壇上伽藍からは南西の方角に位置し、龍神口(図表10参照)、辻堂口、湯川口、梁瀬口(やなせぐち)、保田口(やすだぐち)、有田口、日高口などと呼ばれ、大門の南側にあった女人堂近くには龍神口の制札が立てられていました。

　大門から数百m南にある熊野辻で、熊野道・相浦道へと続く女人道(にょにんみち)と分岐します。

【図表10　龍神口】

熊野辻からの道は、湯川への分岐がある湯川辻、さらに南にある辻の茶屋では花園梁瀬を経た有田方面への有田（梁瀬）道と分岐します。

龍神道は、辻の茶屋からは花園新子を経て、紀伊山地の山々越えて龍神に至ります。

以上、高野七口の各口に対する呼称について『紀伊国名所図会』に記載されている「登山七路」などを参考に紹介しましたが、東谷の摩尼口を大峰口と別に扱っている場合や、奥之院裏の摩尼峠道や楊柳山の東にある桜峠（近年に黒河峠とあり）越えの仏谷道など高野七口以外の間道として扱われている道もあったようです。

3　高野七口の特徴と変遷

高野七口各口の名称の由来

高野七口の各口に対する呼称はどのようなものがあるかを整理しますと、高野山の壇上伽藍からの方位に由来するものに東口、西口などがあります。方位以外の多くは地名に由来するもので、高野山周辺の最寄り集落に由来するものに矢立口、神谷口、黒河口、久保口、摩尼口、野川口、大滝口、相浦口、湯川口、梁瀬口などがあります。

高野山麓で北方面から高野山への登り口の地名に、麻生津口、学文路口など、南方面からの地名では、龍神口、保田口、有田口、日高口などがあります。

高野街道でつながる都や都市からは、大和口、京口、大坂口、和歌山口など、霊場名からは大峰口、熊野口などがあります。

高野山上は、「壇上」、「奥之院」のほかに、「高野十谷」と呼ばれる10か所の谷およびその枝谷で構成され、高野山への出入口がある高野十谷に由来するものは、一心院（谷）口、千手院（谷）口、蓮華谷口、小田原口などがあります。

その他では、高野山の外周と街道が交差する地点名などに由来するものとして粉撞峠口、不動（坂）口などがあり、大門口は文字どおり高野山の表門の名称に由来します。

「高野七口」の表現をはじめてとする織田信長の高野攻めの軍記『天正高

野治乱記』では、高野七口をそれぞれ麻生津口（八度口）、学文路口（不動口・京口）、大和口（黒河口）、大峯口（野川口）、熊野口（大滝口）、龍神口（大門口）、保田口（梁瀬口・大門入来）としています。

高野七口の変遷

高野七口の位置や名称は、時代によって異なるなどの変遷があります。

高野山の西端の大門(図表11参照)は、当初は鳥居形式の門で、諸記録によって差がありますが、約3～5町（約330m～550m）現在の大門の位置より下方にありました。

つづら折りの坂道の登り口に古大門跡と呼ばれる場所があり、現在の位置に移されたのは、三間楼門となった平安末期の永治元年(1141年)または五間二階楼門造の寛喜2年(1230年)ともいわれています。

【図表11　大門『紀伊国名所図会』】

江戸時代には、大門へ約2km手前で高野山への馬道は町石道から分岐して、大門の北へ数百mの弁天岳への登り途中にある札の辻とつながります。

馬道が街道として主に利用されるようになると、西口（大門口）は大門からその位置を札の辻に移動しています。前述の分岐からつづら折り坂を登り、大門に至る旧来の町石道が『紀伊国名所図会』などの絵図では、古道となっています。

高野山から北東に伸びる黒河道は、奥之院を囲む高野三山のひとつ転軸山の西を廻り、さらに楊柳山の西を経て高野山外へ出ます。

楊柳山の西の粉撞峠越えのため、粉撞峠口と呼ばれることがありました。逆に、高野山外からは、高野山内の千手院谷に入るため千手院（谷）口と呼ばれることもありました。

高野山の出口と入口の位置が異なる黒河道の場合、江戸時代中期以降では、文献や絵図で黒河口の名称が使われることが多くなっています。

同じように大峰道でも女人堂、札場などの位置が異なる場所にあり、高野山への入口にある蓮華谷口という名称が使われることもありますが、文献や

絵図では、東口、大峰口、野川口の名称が使われることが多くなっています。

蓮華谷の東隣の東谷には摩尼口があり、奥之院裏には摩尼峠越えの摩尼道、楊柳山の東には桜峠（近年に黒河峠ともいわれる）越えの仏谷道などがあって、時代によって高野七口に含まれるものもありました。

第2章以降でも触れますが、高野山の禁制の及ぶ「結界線」が時代とともに移動をしています。

豊臣秀吉による天下統一以来、高野山の外部から山内への乱入の心配が減少し、江戸時代では治安が維持されるなどで、高野山内と山外との接点であって前線基地ともいえる"出口の重視"から、女性を含む高野参詣者の増加などによる高野山外から山内への"入口の重視"へと変動があったのではないでしょうか。

4　高野七口と女人堂

女性の宿泊などに利用された女人堂

高野七口には、それぞれ高野山への各入口に女人堂があったと一般に言われ、女性のための籠り堂として宿泊などに利用されました。

不動坂口にある女人堂（図表12参照）をはじめ、黒河口、大峰口、大滝口、相浦口に女人堂があったことが古絵図や文献などで確かめることができます。

龍神口と大門口については、南から龍神道、西から町石道、北から札の辻を経た道の3路が大門付近で出合うことから、大門の南にあった女人堂が大門口と龍神口の女人堂を兼ねていたこととなります。

【図表12　不動坂口女人堂】

大門に至る町石道は、その約2km手前で馬道との分岐があり、分岐した道が大門の北へ数百mの弁天岳登り途中にある札の辻に至ります。

そして、江戸時代では、馬道が街道として一般に利用されることとなって、札の辻が大門に代わり

「西口」となったようです。

札の辻に制札は立てられていましたが、制札場の近辺に女人堂は古絵図に描かれておらず、文献にも札の辻に女人堂があったとの記述はありません。大門の南にあった女人堂は「大門女人堂」と呼ばれた一方、隣接する制札場については、主に龍神方面から来た旅人のためのものとされていたようです。

現在、各種パンフレット類には、札の辻の位置に「大門口女人堂跡」、大門の南に「龍神口女人堂跡」と記載されています。

古絵図や文献などの史料で札の辻に女人堂があったことを示すものがない場合には、「大門口女人堂跡」と「龍神口女人堂跡」の記載については修正が必要と思われます。

【図表13　谷上女人堂跡】

【図表14　『高野山全山及び周辺の絵図』持明院蔵】

札の辻は、高野山内で高野十谷のひとつの谷上院谷（たにがみいんたに）にも至る西の入口ですが、弁天岳から不動坂口女人堂までの女人道（次章参照）のほぼ中ほどに谷上院谷へ入る道の分岐があり、この谷上院谷の北の入口近くに女人堂（図表13参照）が、『紀伊国名所図会』や古絵図（図表14参照）で描かれています。このことから、高野七口の各入口のほかにも女人堂があったことになります。

したがって、女人堂が高野七口の各入口にあったとするより、高野十谷の中で高野山内への入口がある谷に女人堂があったこととなります。

西から時計回りでは、西院谷、谷上院谷、一心院谷、千手院谷、蓮華谷、小田原谷、南谷の各入口附近に女人堂がありました。

谷上院谷を除き高野七口では、西院谷に大門口と龍神口、一心院谷に不動坂口、千手院谷に黒河口、蓮華谷に大峰口、小田原谷に大滝口、南谷に相浦口があります。

第2章
女人道と高野三山

轆轤峠（『紀伊国名所図会』）

金剛峯寺境内地を囲む峰々を回峰する「女人道」と奥院御廟を囲むように背後に聳える摩尼山、楊柳山、転軸山をめぐる「高野三山」の道は、かつての山岳霊場高野山の聖域と周辺の俗界とを区切る結界線とほぼ一致し、女性の立入禁止をはじめとした様々な禁制がその内側に敷かれました。

　江戸時代、『紀伊続風土記』によれば、「三山めくりとて拝参の人多し」などと、僧侶に加え一般の人々も三山巡りをすることが盛んとなりました。

　また、女性の高野参詣が増えてくると、案内人をつけての「山廻り」とも呼ばれる高野山に結縁するための女人堂巡りが行われるようになりました。高野七口などにあった女人堂をめぐる道が、「女人堂道」または「女人道」とも呼ばれて高野山の古絵図などにも描かれています。

1　山岳信仰と高野山

山岳霊場

　高野山は、弘法大師空海の入山以前から、周辺山麓の水源および神奈備としての信仰があり、時代によって信仰や行の形態を変えつつも、修行場として行者が山林斗藪を行った山岳霊場でもありました。

　高野山周辺の山林を巡る内外八葉・十六峯の回峰行の場は、時代によって変遷しながら、それは八枚の弁を持ち仏が坐る蓮華座にたとえられています。

　転軸山、楊柳山、摩尼山の高野三山を含む外八葉の峰々は、高野山の外周で高野山の禁制が及ぶ結界線でもありました。

　『紀伊国名所図会』には、「今は結縁のために結界の外郭を巡拝せしむといへども」と結界線上の道をたどり巡礼する様子が記述されています。

　富士山に代表される山岳信仰の一環として、すり鉢状の火口の縁を一周する「お鉢めぐり」と呼ばれる修行は、富士山頂部の八葉と呼ばれる八つの峰々をめぐる「お八めぐり」に通じます。

　高野山においても、その地形が盆地のようであって凹状であることから、富士山と同様、八葉の「八」は「鉢」につながるものと考えます。高野山を取り囲む山々を回峰する山岳信仰の行場は、八葉の峰々を綴る修験の道であって、それは

吉野・大峰、熊野などの霊場や高野山外の行場につながる道でもありました。

2　女人堂と女人道

山内立入の監視と警固

　高野山の禁制により、明治5年まで女性が山内に入ることを禁じていたため、女性のための籠り堂として女人堂、あるいは女人堂として利用された山之堂などの堂舎が高野山内への各入口にあって、女性のための宿泊所ともなりました。

　『紀伊続風土記』などによれば、女人堂の周辺には、山奴という半僧半俗の人達が山之堂あるいは山奴小屋に駐在して不審者の侵入や女性の山内立入を監視警固、女性の女人堂での接待などを行っていました。

　近辺には制札が立てられ、不動堂、地蔵堂、五大尊堂などが建ち、それぞれの本尊は高野山内を守護するために祀られていました。

　夫婦で高野参詣をするなど男性同伴の女性の場合、男性は所縁坊といわれる出身地域ごとに関係のあった宿坊寺院に宿泊することとなり、女性の食事はその所縁坊から女人堂用通膳で運ばれました。女性だけの場合は、山奴が所縁坊に連絡するなどして応待をしたとされます。

　山奴は、参詣者が集中する一心院谷不動坂口（図表15参照）に集まっていたことから、参詣者の所縁坊が所在する高野十谷のいずれかを案内し、女性の場合は女人堂用通膳を運ぶ利便のために各谷最寄りの女人堂を案内したのではないか、あるいは参詣者の多くが一心院谷不動坂口に集中するために女人堂が満員になることも想定され、一心院谷以外の女人堂を案内することもあったのではないかと考えます。

　その場合に女性は、一心院谷から、案内された他の女人堂に向けて高野山の外周の山道を歩くことになります。その道は、『紀伊国名所図会』では絵図の中で「女人堂道」と記載され、道沿いに立つ道標石にも「女人堂道」の文字が刻まれているものが残されています。

　女人堂道の範囲は、高野山の外周を不動坂口から時計回りに黒河口、反時計回りでは谷上口、大門口、相浦口、大瀧口、大峰口近辺までであって、そ

【図表15　不動坂口女人堂『紀伊国名所図会』】

れ以降の山道、特に高野三山の摩尼山、楊柳山、転軸山を経由して黒河口に至る道は険しすぎるため、通常、女性の参詣者は歩いていないものと考えます。

『紀伊続風土記』の［転軸山］の項では、「古老伝に三山の路は本来人縦にあらす若其路を能く知れりなと漫語すれは山人等にても必ず路に迷ひて方域を失すといふ」とあるように、高野三山の巡礼道は通常の道とは異なり、たとえ山に住み、働いている人であっても、もし高野三山の道をよく知っているなどとあまり考えずに言えば、その人は必ず道に迷い、山の中で所在がわからなくなってしまうと警告しています。

女性の高野参詣が増えるとともに、案内人をつけた女人堂めぐりが行われるようになると、奥之院御廟近辺へ深く立ち入ろうとすることもあったようです。このため御廟近辺２か所に門を構えて、各寺院に対して案内人に立ち入らないよう申しつけることを要請したとされる記録が残っています。

このことから、女性は、奥之院の背後に聳える高野三山の巡礼道ではなく、奥之院御廟近くに至る道を歩こうとしたことがわかります。

現在、各種チラシ・パンフレット類の中での「八葉蓮華の峰々をめぐる女人道」といった表現や高野三山の巡礼道を含んで「女人道」とすることは疑問であり、文献や古絵図などの史料でそのような記載がない場合には修正が必要と思われます。

3　高野三山信仰と巡礼の道

三山めぐり

　奥之院御廟を囲むように背後に聳える高野三山の摩尼山（標高 1004.0 m）、楊柳山（標高 1008.6 m）、転軸山（標高 915.0 m）は、『紀伊続風土記』[転軸山]の項によれば、「春の季、夏の孟、三山巡礼と称して道俗観礼を凝らす。その功徳皇いなりといふべし。巡礼の路、奥の院より転軸山に登り〈或いは千手院谷の奥より直に転軸山に登る路あり。〉、其より楊柳山を巡りて摩尼山を拝す。また摩尼山を始めとして巡礼するもあり」および「毎年姑洗の初より初冬の頃に至るまで三山めぐりとて拝参の人多し」とあって、江戸時代後期までには「三山巡礼」をすることの功徳が大いにあると信じられ、雪深い時期を除いて春から初冬の頃まで盛んに三山めぐりをする人々がいたことがわかります（図表 16 参照）。

　これらのことから、高野三山は内外八葉の十六峰の中でも特別な信仰の対象としての存在であったことがわかります。

　高野三山の中で摩尼山は、中世の高野山縁起史料とされる『高野山秘記（こうやさんひき）』では、空海が飛空三鈷（ひくうさんこ）の写しを埋めた東西南北の峰の1つで、宝珠（ほうじゅ）を安置したとされる3か所の1つでもあって、如意輪観音（にょいりんかんのん）の霊験の地、守護に龍神ありとしています（図表 17 参照）。

　また、金剛峯寺領の根拠とされる『弘法大師御手印縁起（こうぼうだいしごていんえんぎ）』に摩尼山は、高野山の境界を示す四方の高山の1つであり丹生川の川上であるとしています。このことから摩尼山は龍神が守護する水源信仰の地であって、宝珠安置3か所の1つの室生（むろう）においても龍神信仰があることと共通しています。

　摩尼山には、役行者が在していたとの伝承があり、大峰山との関係が深く、

【図表16 『高野全山及び周辺の絵図』 持明院蔵】

摩尼峠近くに役行者像の道標石があって大峰道につながることなどから、摩尼山頂が修験の行場でもあったとされています。

転軸山には、経軸と剣が埋められているなどの伝承が多く残っています。また、『高野山秘記』などによれば、高野山に5つの浄土があり、奥之院より転軸山を弥勒浄土としていることからか、山頂には弥勒菩薩の石像などが祀られています（図表18参照）。

楊柳山は、高野三山の中での最高峰で三十三観音の1つである楊柳観音が祀られているとされています（図表19参照）。

【図表17　摩尼山頂（如意輪観音菩薩）】

【図表18　転軸山頂（弥勒菩薩）】

高野山麓北部からは、楊柳山の北西にある雪池山(銅嶽)と高さを競うように並立して際立った存在です。

　摩尼山、転軸山信仰に楊柳山が加わって三山信仰に発展することで、前頁の古絵図にあるように、三山を結ぶ道を描いているものがいくつか残されています。

【図表19　楊柳山頂（楊柳観音菩薩）】

4　女人道と高野三山の道を歩く

女人道を歩く

　女人道については、尾根筋の山道は、車道や林道と交差しながら、小祠、五輪塔、道標石、石仏などが道沿いの要所にあります。

　まず、高野山の北東の入口に当たる黒河口女人堂跡(図表20参照)から女人道を辿れば、高野町役場の東側にある坂道を登り切ったあたりにあった女人堂跡附近は、町道によって掘割状に分断されているため、その手前を左に迂回して明神社から尾根筋を登ります。

　尾根筋からは、杉、檜の植林を抜けて現存する唯一の女人堂がある不動(坂)口へと山道は続きます。

　不動(坂)口女人堂（図表21参照）からは、バス専用道に沿って狭小な

【図表20　黒河口跡】

【図表21　不動坂口】

コンクリート道・地道を登り、杉・檜の植林の中、谷上女人堂跡を経て弁天岳に登れば、弁財天が祀られる社殿などがある山頂に至ります。

山頂からの下りでは、大門口制札場跡付近（図表22参照）が高野山町石道から分岐してきた道との合流点であり、谷上院谷へ降りる坂道があったため谷上辻とも呼ばれています。

さらに下って大門に至り、車道を横断して龍神口女人堂跡（図表23参照）から杉木立の中、幅員3mほどの地道が龍神・熊野への道標石がある「助けの地蔵」のある熊野辻まで続きます。

「助けの地蔵」からは、東に熊野方面への山道を辿るといったん舗装路に出て再び山道に入り、高野山霊宝館の裏側にある舗装路に出ます。

フェンスが設置された小川を渡り、熊野本宮への道標石に従って尾根筋の山道を登って行くと、相浦口の標識（図表24参照）が立つ林道と交差します。

地蔵石仏の指さす方向に従ってさらに登った後、急な坂を下ると大滝口女人堂（図表25参照）のあった轆轤峠近くの林道に出ます。

林道は、熊野道（小辺路）と重なり、南東に進むと円通律寺への分岐を左に東へと山道を下ります。円通律寺を過ぎると、地道ではありますが車道と

【図表22 大門口跡】

【図表23 龍神口跡】

【図表24 相浦口跡】

して拡幅された道を行きます。

分岐を左に北へと山道を進むと弥勒峠に至り、峠を過ぎて分岐を右に行けば大峰口女人堂跡（図表26参照）などがあります。

植林の中を東に進むと最後に急な坂を下り、制札のあった大峰口跡（図表27参照）、現在の「中の橋駐車場」付近に出ます。

高野三山の道を歩く

高野三山の道については、黒河口女人堂跡から北東方向に女人道の道標に従って右回りに辿れば、高野山森林公園を経て転軸山西側の登り口に至ります。

転軸山頂を経て奥之院周回道路と交差後、黒河道とも重なる粉撞（粉搗、粉突、子継）峠への道を辿り、峠で分岐する尾根筋の道は楊柳山頂、摩尼山頂を経て摩尼峠に至ります。

摩尼峠では、旧摩尼集落から奥之院への道と交差し、直進すると大峯山への道標石でもある役行者像が祀られています。

国道371号線の隧道上で天狗木峠への大峰道（荒神道）との分岐があり、地蔵石仏と荒神道の道標石が横たわっています。

右方向に山道を下って行くと車道に合流し、桜峠下バス停を経て奥の院バス停のある「中の橋駐車場」に至ります。

なお、奥之院御廟橋手前の水向け地蔵近くにある「三山巡り参詣道」の碑

【図表25　大滝口跡】

【図表26　大峰口女人堂跡】

【図表27　大峰口跡】

から辿るコースは、摩尼峠を経由して摩尼山・楊柳山・転軸山を逆時計廻りにめぐる道となります。

5　高野山周辺の森林

『紀伊国名所図会』［不動橋］の項に、不動坂について「往古より、斧斤林に入ることをゆるさざれば、只古柏老杉のみ蔚々として、錐を立つべき地なく、遠く是を望めば、山の形象、俗に所謂釈迦頭のごとし」とあるように、高野山周辺の森林は金剛峯寺の山林として保護されてきました。

　また、堂塔の建築や修繕用の木材としての伐採と植林が繰り返され、江戸時代には、杉・檜・高野槙・赤松・樅・栂の六木を寺院の修繕用材以外に伐採を禁止するなどの保護育成に努められてきました。

　明治時代に入って、高野山内を除く周辺の森林は国に返還（上地）されて国有林となりましたが、大正時代にその多くが保管林として保護と造林が金剛峯寺に委託されることとなりました。

　第二次大戦後には、その保護制度が廃止されましたが、金剛峯寺が収益を国と分けあう部分林とされたり、無償譲与された区域が奥之院裏側や大門附近など、高野山周辺の森林にあります。

　高野山周辺の天然林を代表するものとして、不動坂口女人堂の北東に「高野山コウヤマキ植物群落保護林」があります。

　この保護林は、江戸時代の1800年前後に伐採されて、跡地の一部に近くで自然に育った高野槙の稚樹を苗木に使用して造林が行われ、また、高野槙が天然に更新して現在の森林が形成されたと考えられています。高野六木の伐採を禁止した江戸時代の留木制度により、高野槙以外が伐採されてこの群落が成立したとも推察されています。

　弁天嶽の西には、高野槙以外の樹が混じらない姿で残る純林があり、天然記念物に県指定されています。また、摩尼山の西斜面や弁天嶽の南西斜面に栂が優占した高木林で極めて貴重であるとされる自然林が残されています。

第3章
大門口（高野山町石道、三谷坂、麻生津道）

高野山町石（160町石）

1　大門口の高野参詣道

　大門口は、西口、矢立（八度）口、花坂口、麻生津口、和歌山（若山）口などと呼ばれ、高野山町石道が、三谷道、麻生津道（西国街道）、安楽川道、細川道などの参詣道と合流して高野山の総門とされる大門に至ります。

2　高野山町石道

　町石道(図表28参照)は、高野山へのかつての表参道として御幸道とも呼ばれ、法皇・上皇をはじめとした皇族・貴族から僧侶・武士・庶民に至るあらゆる層の人々が歩いた信仰の道として、今なおその面影を残しています。

【図表28　高野山町石道（163町石付近）】

　町石道に関しては、既に多くの研究がなされ、書籍等が出版されていますので、それらを参考としていただき詳細を省きます。

① 高野山の表参道と町卒都婆

　高野山へのかつての表参道は、弘法大師空海の高野山開創の頃から1200年を経た今日に至り、五輪塔をかたどった石製町卒都婆（以下、町石という）が1町（実際は、約109 mを中心に長短があります）ごとに立っています。

　高野山の壇上伽藍から山麓の慈尊院の間には180基、壇上伽藍から奥之院の弘法大師御廟までの間には36基、計216基の町石が立てられ、約8割が鎌倉時代までさかのぼる造立当初のものです。

　そして、約2割に当たる42基が再建されたもので、天正18年（1590年）のものが最も古く、江戸時代と大正時代にも再建されています。

　また、これに加えて、慈尊院側には1里=36町ごと（144町、108町、72町、

36町)に里石4基が立ち(5基目の里石は現存していません)、今なお信仰の道の面影を残しています。

【図表29　高野山町石】

　町石道は、各地にありますが、ほぼ完全に近い形で町石が残され、これほどの全長があるものは他にありません。そのうえ、石製町卒都婆としては、勝尾寺(大阪府箕面市)に残る7基の町石に次ぐ古さであり、造立年が刻字されているものでは日本最古といえるものです。

　昭和52年(1977年)には国史跡に指定され、平成16年(2004年)に世界遺産登録に至っていますが、その名称は、他の町石道と区別するために高野山町石道あるいは高野参詣道町石道と呼ばれます。

　町石道は、古くは「ハリミチ」という名で呼ばれて墾道(路)、針道、治道、波里道、張理路、張道、帳道、掃道、頗梨道、羽蟻道(路)、晴初道などと表記されています。これは「墾」の文字から、高野山への道として新たにまたは拡幅によって整備された道であることを意味していると考えられます。

　高野山町石道の町石は、花崗岩製で方柱状の石柱の上部が五輪塔の形態をしています(図表29参照)。高野山の僧覚斅が文永2年(1265年)に町石造立を発願して20年目の弘安8年(1285年)に完成の開眼供養が催され、そのときの願文には、町石の高さ一丈一尺(約3.3 m)、広さ一尺(一辺約30㎝)とあります。

　五輪塔の5つの部分(下から地輪、水輪、火輪、風輪、空輪)の正面にそれぞれ(地、水、火、風、空)の梵字が刻まれています。地輪には「地」を表す梵字の下に、胎蔵(界)・金剛界の両部曼荼羅の仏尊を梵字一文字で表した種子(種字)および壇上伽藍までの町数が刻まれています。一定はしませんが、地輪の正面と側面に寄進者・施主名、願意、被供養者などが彫られています。

② 『紀伊国名所図会』の町石道を歩く

　高野山町石道に関しては、たくさんの文献・書籍などが出版され、歩くこ

【図表 30　高野山麓慈尊院】

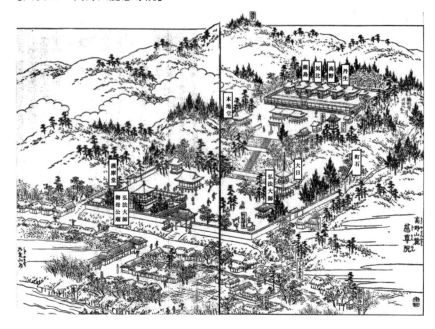

とに関してもウォークガイドやマップなどが多くありますので、ここでは『紀伊国名所図会』で描かれている「大門より天野までつづきの図」などに描かれた江戸時代の町石道を山麓の慈尊院から歩くこととします。なお、絵図の要所の文字を現代の文字に置き換えています。

　慈尊院は、南海電気鉄道高野線九度山駅から約 1.5㎞、ＪＲ和歌山線高野口駅から約３㎞の距離にあります。

　高野山への参詣登山に当たり起点とされるのが図表 30 の絵図に描かれている慈尊院となります。高野山の政所（寺務所）として伽藍が創建された当初は、絵図左下に描かれた紀ノ川寄りにあったと伝えられています。その後、天文９年 (1540 年) に紀ノ川の洪水氾濫があり伽藍堂塔のいくつかを失いました。

　しかし、文明 10 年 (1478 年) から信州の妙音尼が洪水を予測し、私財を投じて伽藍堂塔を倉庫などがあったと伝えられる絵図の場所に曳き移していたために、難を逃れたといわれています。

【図表31 勝利寺】

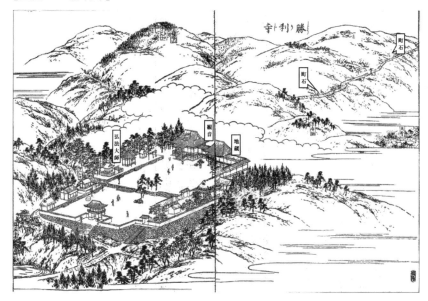

　慈尊院側の町石道で最初の町石となる180町石は、現在、階段の踊り場右手に立っています。しかし、絵図では多宝塔の右側にある築地塀に沿って道があり、塀の端に180町石があります。

　『紀伊続風土記』の［第百八十町都率婆］の項に「是より高野大塔まで百八十町の初程にて慈氏寺壇多宝塔の南境外を右へ寄れば往来の墾路に出る所にあり」とし、『紀伊続風土記』の絵図では「丁石」が描かれています。この位置に180町石があると、慈尊院に参拝後、築地塀のある西門から出て町石道を歩くこととなり、丹生官省符神社への階段を上がらなくなるため、今では現在の位置がふさわしく感じられます。

　勝利寺は、高野山町石道の起点がある慈尊院から3基目の町石が立つあたりの町石道沿いに一段高く位置します。

　『紀伊続風土記』には、「後白河院高野登御の時當院に宿御したまふ」と後白河法皇の宿所となり、また、天皇家の高野山納骨時などに使者が宿泊のために入った御幸門が描かれています。

　図表31の絵図右上で斜め上に伸びる山道は、町石が2基描かれているこ

とから町石道であることがわかります。その左側にある町石の先には、高野山奥之院石塔の石材と思われる巨石が前後に多くの人達によって運ばれている様子が蟻のように小さく描かれています。

勝利寺の仁王門下から上に伸びる急な坂道は、現在、町石道沿いの展望台付近の166町石近くで町石道につながります。その合流点に道標石が横たわっていて、その正面に「左　十七夜観世音」、左側面に「じそんいん道九度山みち」と刻まれ、勝利寺厄除け観音への道標とされています。

『高野山通念集(こうやさんつうねんしゅう)』では、本尊は、弘法大師が42歳のときに彫られたと伝わる厄除十一面観音で、「高野の僧侶一國の里民物詣し奉り、貴賤袖をつらねて、道もわかたぬ群集」と勝利寺での僧侶や観音信仰の参拝者による賑わいの様子が伝えられています。

図表32の絵図の右上に「高野道(こうやみち)」と書かれた山道があり、その両脇に石碑が2基描かれています。絵図の中ほどに坂道を下る人が描かれていますので、天野への道と町石道との交差がある「六本杉(ろっぽんすぎ)」と呼ばれる峠付近であって、そこには、少し離れていますが、136町石と板碑(いたび)が町石道を挟んで立っています。

【図表32　天野つづき（慈尊院から六本杉）】

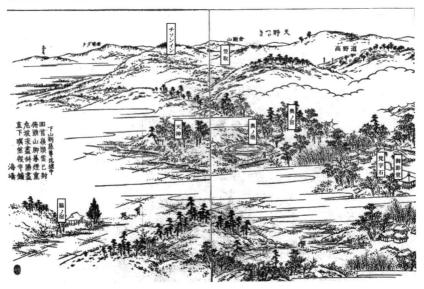

34　第3章　大門口（高野山町石道と三谷坂、麻生津道）

板碑は、町石と同じ花崗岩製の一石で造られ、町石が造立された時期と重なる建治2年(1276年)のもので、左側面に「天野路法眼泰勝」と刻まれています。

　六本杉については、『紀伊国名所図会』［追分］の項に「町石道と天野との追分あり。雨つぼより二十町餘、慈尊院より是まで五十町」とあります。

　絵図中央の上部には、慈尊院から雨坪（引）山の中腹を廻り、笠取峠を経て追分（六本杉）に至る町石道が描かれています。

　その道沿いの157町石近くには、弘法大師が高野山での油の用にするため、岩の上から榧の実を投げ撒いたという「榧蒔石」、156町石近くには町石道の整備時に給金を入れてつかみ取りさせたという壺が置かれた「銭壺石」があり、それぞれに説明板が立てられています。

　町石道は、148町石附近で平坦で幅広くなり、弘法大師の石像が祀られ、144町石では一里石が並んで立ち、六本杉への坂道へと続きます。

　図表33の絵図には、「天野社」としている丹生都比売神社と明治の神仏分離令により移設や取り壊しなどされて、今は存在していない堂塔などが描かれています。

【図表33　天野社】

【図表 34　大門よりつづき天野（天野峠から梵字石）】

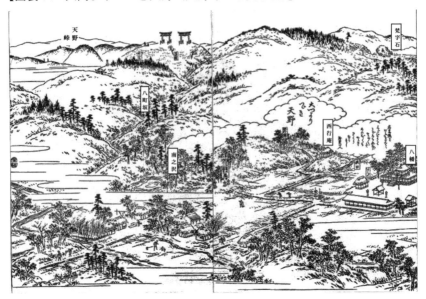

　『紀伊国名所図会』では、町石道の「追分」（六本杉峠）から天野に下る坂道を「八町坂(はっちょうさか)」としています。
　一方、図表 34 の絵図では、天野から 120 町石近くにある「二ツ鳥居(ふたつとりい)」までの坂道についても「八町坂」として描かれています。
　六本杉峠からの坂道を下ると図表 33 の絵図右下に描かれている道に至り、小川には現在も一枚の平らな石橋が架かっています。
　神社には、外ノ鳥居(そとのとりい)の先に輪橋(りんきょう)、内ノ鳥居(うちのとりい)があり、三間一戸(さんけんいっこ)の楼門奥に一間社春日造り(いっけんしゃかすがつくり)で国内最大級とされる本殿 4 棟と十二王子社、若宮、恵比寿社(えびすしゃ)などが描かれています。
　かつては、内ノ鳥居前を流れる禊川(みそぎかわ)より先の境内を社地、手前を仏地とされていました。図表 33 の絵図左下から右下にかけて多宝塔、山王堂(さんのうどう)、不動堂、長床(ながとこ)、行者堂、大庵室、鏡池、宝蔵、経蔵などが描かれています。
　図表 32 の右端にも御影堂(みえどう)と梵字石(ぼんじいし)とが描かれていますが、現地は草地となって堂舎跡があり、その奥に光明真言板碑(こうみょうしんごんいたび)と並んで輪橋付近から移設された五輪塔、脇ノ宿から移された役行者像の石祠などがあるなど、わずかに当

時の面影を残しています。

　図表34の絵図の左上に「天野峠(あまのとうげ)」と書かれ、その右に大鳥居が2基立つ「二ツ鳥居」が描かれています。各文献では、(当時)扁額(へんがく)が天野側にあって、高野山壇上伽藍御社(みやしろ)の鳥居としています。二ツ鳥居で丹生都比売神社に向かって遥拝(ようはい)するのではなく、町石道から八町坂などの道により神社まで実際にお運びください。

　二ツ鳥居の手前の124町石近くには、現在、「古峠(ふるとうげ)」があります。峠名の由来を示す伝承や文書がないことから、古い峠を意味しているのではないかと考えます。

　町石道では、大門の下のつづら折りの坂から24町石までを「古道」、旧大門跡を「古大門」、163町石から雨坪(引)山の東側を廻る道を「古道」と呼ばれたと同様、この峠を越える道が利用されなくなったことから、旧峠の意味で「古峠」の呼称が使われていると思われます。

　図表34の絵図上での「天野峠」が「古峠」であって、『紀伊続風土記』に「此鳥井の邊(このとりいのへん)」と記された二ツ鳥居近くの「天野辻(あまのつじ)」に当たると考えます。

　現に、古沢集落から古峠を越える天野への道は急坂であって、今は町石道を分割して歩くときに南海電鉄の上古沢駅へ行くために利用されます。古沢集落から天野までは、近年まで笠取峠から六本杉を経て天野に至る比較的なだらかな坂道が利用されていたようです。

　図表34の右上には、修験の行場と伝わる「梵字石(ぼんじいし)」が描かれていますが、現在、114町石近くの岩に刻まれた不動明王の梵字は読み取れません。

　二ツ鳥居から梵字石へとやや下り坂となりますが、梵字石手前の115町石近くに「白蛇の岩(垂迹岩)(はくじゃのいわ(すいじゃくいわ))」があり、2mほどの鳥居が立っています。現地には、岩に棲(す)みついた白蛇と僧との逸話や白蛇の姿を見ると幸福になるとの言い伝えなどが書かれた説明板が立てられています。

　図表35では、町石道は、左上から斜め右下に描かれて、応其池(おうごいけ)を過ぎたあたりから、現在はゴルフ場に沿って進みます。神田(こうだ)集落と田畑が見えるあたりに「地蔵(堂)」があり、その下にトイレがあるため休憩所としてよく利用されています。地蔵堂前後の町石道は平坦な道が続き、108町石には二里石が並んで立ちます。

【図表 35　大門よりつづき天野（応其池から鶏の窟）】

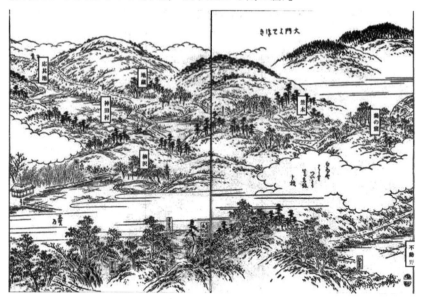

　図表35の絵図右の右中ほどに「笠木（かさぎ）」集落が描かれていますが、町石道はその手前にある笠木峠からやや急な坂道を登ります。

　笠木は、高野山から慈尊院までのほぼ中間にあって、平安時代から鎌倉時代に皇族・貴族の宿泊・休憩場所とされたことが記録に残り、地域においても語り伝えられています。

　絵図の右にある山の上あたりに描かれた「鶏の窟（とりのいわや）」は、修験行場と伝わります。

　図表36の絵図左上部には、「日光月光窟（にっこうがっこうのいわや）」と書かれて、山の斜面に岩窟が二か所描かれています。日光月光窟は、高野山から天野までの町石道沿いにある修験の行場で、梵字石や鶏の窟とともに「二十九ケ所」ある行場のひとつとされています。

　町石道は、笠木峠から坂道を登り切ったあたりにあるとされる日光月光窟の下と絵図右の上部に描かれています。道沿いには町石が２基描かれて、72町石には三里石が並び立ちます。

　町石道は、図表36の絵図の右で「天上坂」と分岐して図表37の矢立茶屋（やたてぢゃや）

【図表 36 大門よりつづき（日光月光窟から天上坂）】

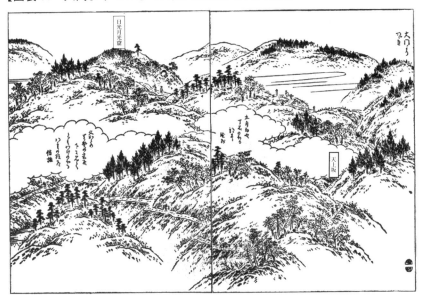

【図表 37 大門よりつづき（矢立辻からけさかけ石）】

に至ります。町石道から分岐する天上坂は、図表36の絵図の左下から図表35の右下部分にある不動野（ふどうの）集落まで続いています。

高野山での学道修行で「勧学会（かんがくえ）」といわれる最も重要な教学の学問修行があり、初めと3年間の各年を終える都度、天野の丹生都比売神社に参拝する僧が毎年9月に町石道から下り、不動野で必ず休息をしました。その折、学道修行の僧にお茶を接待する家があったとされます。

また、高野山への参詣者が利用する茶屋があったことも伝わっています。

標高450mほどの不動野には、丹生都比売神社と関わりの深い高野山の塔頭寺院の里坊跡（さとぼうあと）および墓地とみられるところが山中にあり、今後の調査が待たれます。

図表37の絵図の左上で、町石道は矢立辻と呼ばれた集落に至り、「慈尊院道」と書かれています。現在、車道沿いにトイレがあることから休憩や昼食場所となっています。

絵図にある地蔵堂は、車道の手前の階段を上がったところにあり、お堂に祀られている矢立砂捏（やたてすなごぜ）（練）地蔵は、麻生津道（西国街道）の六地蔵のひとつとして数えられます。絵図左の下部に宿や茶店が並ぶ花坂の集落が描かれて、その入り口附近には「若山口」とあります。

地蔵堂の右に杉の大木が描かれ「矢立杉（やたてすぎ）」とあり、弘法大師を高野山へ案内したとされる狩場明神（かりばみょうじん）が矢を射った杉であって、矢立の地名もそこから起こったとされています。しかし、今は、杉の木が枯れたために切られたのか、車道沿いにある矢立茶屋という店の脇に大きな切り株が残っています。

矢立には、当初、4軒の茶屋があったとされていますが、絵図には6軒ほどの茶屋が描かれおり、その数は増えていったようです。

「矢立茶や」と書かれた先に町石道が斜め右上に描かれて、その先の坂道を「赤坂」、「長坂」、高野山大門までの坂道は「五十町坂」と呼ばれていました。長坂の55町石の先に「けさかけ石」が描かれて、現地に弘法大師の伝説などが書かれた説明板が立ちます。

図表38の絵図の左上から斜め下に町石道が描かれて、町石道に沿った54町石近くに「捻石（ねじいし）」、「泪川（なみだがわ）」、「押上石（おしあげいし）」があります。

捻石は、修験行場と伝わりますが、石が崩れ落ちたためか確認できず、現

【図表38　大門よりつづき（捻石から廣場）】

地に石柱が立っています。また、袈裟掛石と併せて高野山の女人結界に関わる弘法大師と母親との伝説があります。

　その伝説では、「弘法大師が開創した高野山を訪れたいとの思いで慈尊院まで来られた母親を大師が迎えられて、高野山の地が女人禁制であるため思いとどまるよう説得した。しかし、それが聴き入られず矢立まで町石道を登ってこられた。結界を越えようとする母親に、大師は袈裟を石にかけて越えることができればとしたのが「袈裟掛石」。袈裟掛石を乗り越えようとした折、袈裟が燃え上がり石は八方に砕け散って火の雨が降り大きな龍が現れて進行をさえぎった。大師が避難のために呪文を唱えて大石を押し上げ火の雨から母親を救われたのが「押上石」。母親が高野山に登ることができず引き返し号泣して流した涙が川となったのが「泪川」。そのとき、残念のあまり石を捩じられたのが「捻石」。火の雨が降ったため山の木々や土石が焼け焦げたところが「焼尾」である」とされています。

　町石道は、絵図右側の「角石」、「廣場」へと続きます。

　図表39の絵図左下から描かれている町石道は、現在、車道を横断して展

【図表39 大門よりつづき（メシモリ石から札の辻付近）】

望台を経由した道と町石３基が立つ車道との合流点付近であり、図表38の「廣場」から続く36町石と一里石が並び立つあたりとなります。

　廣場は、鳥羽上皇(とばじょうこう)をはじめ、皇族・貴族の休息所として食事場所ともなりました。現在は、上部に展望台が設置されており、見晴しの良い休憩所となっています。

　図表39の絵図の中ほどには、２人の姿が写った「カガミ石」が描かれています。当時は、岩が平面で光り輝いて、磨かれた鏡のようであったようです。しかし、今は、岩に苔が生えて人を写すほど輝きはしませんが、夕陽に映え輝いていることがあります。

　「鳴子川(なるこかわ)」に架かる橋から「ゴマダン」までに両側から岩が迫るところがあり、高野山の第一の防御拠点で関屋と呼ばれ、関所があったとされています。

　「ゴマダン」は、修験者が高野山から天野へ下る折に柴燈護摩(さいとうごま)の法要が行われた護摩壇で、今は草が生い茂る平坦地があって、わずかにその面影を残

【図表40 大門より天野までのつづき（大門）】

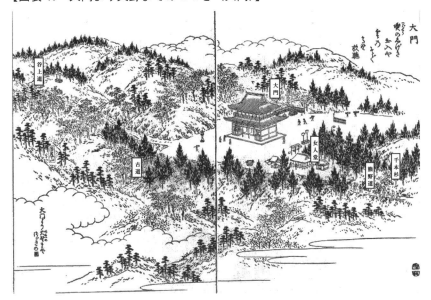

しています。

　図表39の絵図の「ゴマダン」右側で、24町石から右斜め上に描かれている「札の辻」に至る馬道と右斜め下に描かれ大門に至る町石道に分岐しています。馬道が街道となり、町石道は図表39の絵図では「古道」となっています。

　図表40の絵図左で「古道」となっている町石道が大門の下方から上がってきています。また、下乗と禁制の札が立つ「札の辻」からの道が下ってきています。どちらの道も図表39の24町石から分岐して大門の北西に至りますが、江戸時代には大門の下のつづら折り坂がある町石道は敬遠されて「古道」となり、比較的なだらかな馬道が選択されて札の辻を経由するようになったようです。

　現在、札の辻を経由する道は、山麓からの高野山道路と高野山駅への道路によっていくつもに分断されています。したがって、24町石から大門までについて、今は江戸時代に「古道」となっていた町石道を辿ることとなります。町石道のつづら折り坂を登り切ったあとは、車道を横断して大門至ります。

図表 40 の絵図では、右下からの「熊野道」が描かれて「女人堂」に至っています。女人堂の周りに山之堂や制札場などが描かれていますが、今は掘割状の道路敷きとなって痕跡をとどめていません。

大門は、3～4度の焼失後、宝永2年（1705年）に再建されたものが現在に至り、五間三戸、二階二重門、瓦棒銅板葺きで約25mの高さがあります。

大門から町石道は壇上伽藍に至り、さらに奥之院御廟へと続いています。

③　町石造立以前の高野参詣道

町石造立以前、高野参詣道に立てられていたのは町石でなく、町数を示す木製卒都婆が立っていました。『紀伊国名所図会』（図表41）には、平安期の町石道における法皇高野山詣の姿として、木製卒都婆に対し手を合わせ礼拝している様子が描かれています。

木製卒都婆は、年月が経れば朽ちてしまいます。そのため、鎌倉時代の文永2年(1265年)に高野山の僧覚斅の発願により弘安8年(1285年)までおよそ20年の歳月をかけて、鎌倉幕府の有力御家人の安達泰盛の助力を得、上皇をはじめとした皇族・貴族、幕府の要人から僧侶、庶民に至るまでのあらゆる層の人々からの寄進によって町石が造立されました。

【図表41　法皇高野山詣『紀伊国名所図会』】

④ 町石道による高野参詣

『野山名霊集』の［御幸の事］（図表42）には、鎌倉時代の町石道における後宇多上皇の高野参詣の姿と町石に対する礼拝の模様が描かれています。また、『後宇多院高野山御幸記』には、「慈尊院より、金剛峯寺中門に至る百八十本の石町卒都婆の（一）本ごとに立留まらせ玉うて、聊か御念誦ありける間、御幸殊の外遅遅にして夜に入りにけり」とあるように、町石一本ごとに念誦している様子が伝えられていることから、町石そのものが仏尊であり、信仰の対象であったことがうかがえます。

このことは、町石それぞれに種子（種字）という仏尊を表す梵字が刻まれていることから、胎蔵（界）・金剛界の曼荼羅の諸尊名が当時は明らかであって、仏尊ごとの真言を唱えることができたのではないでしょうか。

現在に至っては、こういう姿は皆無に等しい中で、近年においても、母娘2人が町石道で町石ごとにお経を唱えている姿を見かけることがありました。果してその町石の仏尊に対する真言を唱えられているか疑問ではありますが、遍路姿で町石道を歩いている方々を見かけることもあり、町石に対する信仰が今に伝わっていることは確かです。

【図表42　町石を三礼しながら進む法皇『野山名霊集』】

⑤　町石の構成と曼荼羅との関係　【図表43　高野山町石（160町石）】

　五輪塔をかたどった町石は、図表43のように5つの石製の部分から成り立ち、下から四角い方形の地輪、球形の水輪、五重塔の屋根のような笠形の火輪、半球形の風輪、橋の欄干にある擬宝珠（ぎぼし）のような宝珠形の空輪で構成されています。

　それぞれの正面には、宇宙を構成するとされた5つの要素として地・水・火・風・空を表す梵字の **ア**（あ）・**バ**（ば）・**ラ**（ら）・**カ**（か）・**キャ**（きゃ） が刻まれています。

　地輪の正面には、**ア**字の下に両部といわれる二種類の胎蔵（界）・金剛界曼荼羅に描かれる密教の諸尊を種子（種字）という梵字一文字で表しています。その下に高野山までの距離がわかるように壇上伽藍からの町数が刻まれ、一定はしませんが地輪の正面または左右の側面に寄進者・施主名、願意、被供養者などが刻まれています。

　曼荼羅は、曼陀羅、漫荼羅など様々に表記されるため、ここでは曼荼羅としますが、古代インドのサンスクリット語を漢字で表記したもので、漢字自体には意味はなく、言葉自体は「輪円」を意味するとされています。

　それは、密教において「本質をそなえるもの」、「諸仏を発生するもの」などと捉えられ、平面上に描かれる図絵曼荼羅は各儀礼に用いられます。

　「諸仏の聖なる世界」、「宇宙の縮図」として宇宙内部の諸仏が世界の構成要素を象徴するといった解釈や瞑想を通じての「悟りのための補助手段」などとの解釈もあります。

　両部という2種類の曼荼羅には、胎蔵（界）と金剛界があって、それぞれに説かれる経典があります。『大日経』において説かれているのが胎蔵（界）曼荼羅（正式には大悲胎蔵生曼荼羅）、『金剛頂経』で説かれているのが金剛界曼荼羅です。

　いずれの経典もインドにおいて成立し、中国から日本に伝えられたもので、胎蔵（界）の理（客観的真理）に対して金剛界は智（主観的真理）を表すと

の解釈があります。

　町石には、両部曼荼羅の諸尊を表す梵字の種子（種字）が刻まれていることから、町石によって２つの曼荼羅を立体的に構成することを意図し、慈尊院から壇上伽藍までの180基で胎蔵（界）曼荼羅の大日如来を囲む如来、菩薩、明王などと、最外周の主要な諸天・天文神などを含む百八十尊を、壇上伽藍から奥之院御廟までの36基で金剛界曼荼羅の大日如来を囲む三十六（三十七）尊を表すとしています。

　町石の寸法については、高さ一丈一尺（約３m 30㎝）、幅一尺余り（約30㎝）で造立されたと高野山の僧覚斅による町石造立完成時の開眼供養願文にありますが、実際には一定していません。調査により計測された１例では、高さが３m 27.5㎝で、そのうち92㎝が地中に埋もれ、幅が30㎝前後、高さ１m 64㎝の地輪の上に地輪以外の五輪塔部が71.5㎝ほどとしています。

　町石造立当初の石材は花崗岩で、瀬戸内海を挟んで御影産および小豆島産のものを舟で運び加工したものが使われたとされています。

　町石に刻まれた梵字の筆者については、いくつかの書籍・文献の中で名前があげられており、梵字に関する著作を多く残した高野山塔頭寺院の僧侶で小川信範（真範）とされています。

　梵字以外の文字の筆者についても、同様にいくつかの書籍・文献で名前があげられていますが、町石の造立が約20年に及ぶことから、生存年により世尊寺流を継ぐ書家の藤原経朝と藤原経尹の２人が有力とされています。いずれにしても、当時の梵字と書の第一人者が町石に刻まれた文字の筆者として選ばれているようです。

⑥　町石道の参詣道としての特徴

　町石道が高野山への参詣道の中で表参道とされる特徴がいくつかあります。

　慈尊院から壇上伽藍まで総延長180町（約20㎞）の距離がありながら、山麓から高野山までの間に集落を通過しないで主に尾根沿いの道を辿っています。山麓から３分の２の地点に当たる60町石近辺には矢立集落がありますが、近くの細川および花坂集落からの出村としていますので、表参道とし

て多くの人通りがあってから茶屋や宿が集まってできた集落と思われます。

　また、大きな橋を架けることが必要であるような幅のある川を渡らず、降雨期の出水で橋が流されるなどによる補修や維持管理に多額の費用を要せず、それが石材などの重量のある物資の輸送にも適していたといえます。

　ただ、大門の下方にあるつづら折の坂は、物資を運ぶことや馬の通行には適していないことから、その約2㎞手前で分岐して札の辻に至る道が、物資を運ぶことに利用され、また、馬廻り道でもあったと思われます。

⑦　町石道に残る修験の行場跡

　町石道は、高野山への表参道であったとともに、修験の道でもあって、行場が町石道に沿って各所にありました。

　高野山の『葛城先達峯中勤式廻行記』の中の［峯中法式行所之記］にある「二十九ヶ所」の行場には、大門から、大黒石、不動石、観音石、大日石、子ヂ石、辻ノ地蔵、日光月光、地蔵堂、鳥ノ岩屋、梵字石、二ツ鳥居そして天野への八町坂途中には金剛童子の名があります。

　これらのいくつかは、『紀伊国名所図会』にある大門から天野までの絵図で確認できるものや、町石道沿いで実際に確認できるものもありますが、現在、その所在がわからないものもいくつか含まれています。

　修験者は、高野山から町石道の行場を歩いて天野で修行後、葛城修行に入る場合もあれば、高野山の女人道を経て熊野へ向かう場合などもあったようで、修験者によって造立された熊野への道標が女人道沿いにもいくつか残されています。

　天野から高野山までの町石道沿いに柴燈護摩を修する場があって、大門下方の24町石附近にある関屋と五十町護摩壇などにあったということです。

3　三谷坂

三谷坂とは

　三谷坂は、かつらぎ町三谷の丹生酒殿神社から笠松峠（古絵図および字図

による地名には三谷峠とある）を経てかつらぎ町天野の丹生都比売神社に至る急峻な峠越えの坂道です。

　かつては、紀ノ川にあった船着き場「三谷津」あるいは河南大和街道（かなんやまとかいどう）からの分岐を起点とした「天野道・三谷道」の一部でもあります。現在の道は、山麓から中腹にかけて果樹栽培の作業道となっていますが、上部では杉の植林地内に地道が続いています。

　三谷坂から高野山へは、笠松峠から尾根筋の道で直接六本杉へ、または丹生都比売神社を経由して六本杉で高野山町石道に合流し高野山大門に至ります。

　三谷坂は、1700年以上前に創建された丹生都比売神社への参詣道で、起点となる丹生酒殿神社のところに住まいした丹生都比売神社の惣神主が通ったのが起源と伝わります。。

　丹生酒殿神社・丹生都比売神社間を行き来するときに通ったことから「天野道（あまのみち）」とも呼ばれ、また、大正13年（1924年）、丹生都比売神社が官幣大社（かんぺいたいしゃ）・正一位（しょういちい）に昇格したことを記念する昇格報告祭（しょうかくほうこくさい）の際に、奉迎した勅使（ちょくし）が通ったことから「勅使坂（ちょくしざか）」と呼ばれることもあります。

　この三谷坂が高野山での参籠（さんろう）のために皇族により利用されたことが記録に残されています。白河天皇の第四王子である覚法法親王（かくほうほうしんのう）の『御室御所覚法法親王高野山御参籠日記（おむろごしょかくほうほうしんのうこうやさんごさんろうにっき）』久安3年（1147年）5月21日条に「三谷坂は木影（こかげ）にして深き泥なし　道ほど近し　かたがた神妙の由　上下よろこびをなす」とあります。

　三谷坂が町石道よりも木陰があり水はけがよいこと、また高野山大門に通じる参詣道のうち、慈尊院から町石道を通る経路や麻生津道などに比べて近道であること、迂回せずに丹生都比売神社に参詣できることなどから三谷坂が高野山への経路としてよく利用されたようです。

① 三谷坂を歩く

　ＪＲ和歌山線妙寺駅（みょうじえき）から南に歩くと、紀ノ川に沿ったかつらぎ公園に出ます。道標は、左折するよう案内しています。しかし、できれば、かつらぎ公園から堤防に出て紀ノ川と対岸の三谷集落や山々を眺めながら三谷橋まで歩

くほうが景色を楽しめます。

紀ノ川対岸においても、道標は車道での右折を案内していますが、三谷橋を渡ってすぐに右折して集落の中を抜け堤防沿いの道を歩くほうが風情を感じます。やがて、堤防沿いの道に左折を案内する道標があり、三谷坂（図表44参照）の起点ともいえる丹生酒殿神社へは、神社の石碑や鳥居などが立つ参道が続きます。

【図表44　三谷坂】

【図表45　鎌八幡宮（イチイガシ）】

晩秋には、丹生酒殿神社御神木の大イチョウの葉が色づき、初冬にイチョウの葉が散って、あたかも黄色い絨毯を敷き詰めかのたような境内は、三谷地域での晩秋から初冬にかけての風物の1つとなっています。

神社本殿の右側から背後に廻ると、何本もの鎌が刺さったイチイガシの大木（図表45参照）をご神木とした鎌八幡宮があります。

鎌八幡宮は、祈願成就のため鎌を打ち込んだことからこの名があり、祈願成就のときは鎌が幹に食い込んでいきますが、不成就のときは脱け落ちると伝えられています。

神社前には手洗いもあって、境内を出て西に天野大社参道の石標があります。南に向かうと家並が切れたあたりで道に沿って沢があり、その奥に宮滝があります。「六月の末に、丹生都比売神社の神主が社人六人を率いて、その日まで食べなかったキュウリをこの滝にお供えし、村中の子どもたちがそれを食べると疱瘡が軽くなった」と説明板にあります。

みかん畑の中の簡易舗装された坂道をしばらく登ると、眼下左右に農道が建設されていて、その上を跨ぐ手前左に「笠塔婆石」が立っています。

説明板には、「空海の笠が雨引山から風に飛ばされてこの石に掛かったといわれる石造物で、笠と塔身からなり、下部を地中に埋め込む埋込式の笠塔婆です（図表46参照）。通常は、宝珠が笠の上に飾られますが、塔身の上端を尖らせて笠を突きやぶる特異な形態となっています。笠の形態も、ほぼ自然石のままの特異なもので、軒などの加工が存在しません。これは、木製から石製に変化した原初形態の可能性があり、全国的に見ても非常に貴重です。塔身の上部には、阿弥陀如来坐像が半肉彫され、その形態から、南北朝時代のものと推定されます」とあります。

【図表46　笠石（笠塔婆石）】

　雨引山を廻り込む町石道沿いに笠取峠があり、空海の笠が飛ばされたことに由来した笠石の伝承につながりがあるのかも知れません。

　笠石から農道を跨いでみかん畑の中の簡易舗装路を行くと右側に「鉾立て岩」と「経文岩」があり、説明板には「鉾立て岩は、丹生都比売神が鉾を立てたといわれている岩で、もとは現在より大きかったのですが、道路工事の際に切断されてしまいました。鉾ノ御跡岩ともいわれ、紀伊続風土記に次のような記述があります。【榊山の南　権兵衛坂といふにあり　丹生津姫尊天野へ御通ひの印石といふ岩に鉾の跡あり】。経文岩は、経文が書かれた岩を意味すると思われますが、現在のところ、文字や、文字が刻まれた痕跡等は確認できません」とあります。

　坂道が、みかん畑の中から森林に差し掛かるあたりに「涙岩」があります。「かつてこの谷を流れる清水は、どんな日照りにもかれることなく、人々の渇きをいやし、下流の田畑を潤していました。いつのころからか、村人はこの舌状の岩を涙岩と呼び、岩をつたって流れ落ちる水を、拝水というようになったといわれています」とありますが、かつてのような水の流れはなくなっています。

　森林の中で簡易舗装された坂道は、勾配が急になり滑りやすくなっていま

す。

舗装路が途切れて地道になったあたりに説明板があり、右方向に行くと「頬切地蔵(ほきれじぞう)」が祀られています（図表47参照）。

【図表47　頬切地蔵】

説明文には、「自然石から一重塔を造り出し、北正面に金剛界大日如来、東側面に釈迦如来、西側面に阿弥陀如来を半肉彫し南背面は自然石のままという、全国的にも極めて特異な石造仏です。仏像の立体的形態や、笠のおおらかな形態から、鎌倉時代初期のものと推定されます。大日如来のほほの割れ目が傷のようにみえることから首から上の病に効くといわれ、地蔵信仰とあいまって頬切地蔵といわれるようになったと考えられます」とあり、平成23年（2011年）の調査で詳細が判明して、笠松峠を越える坂道とともに平成26年（2014年）に世界遺産登録されています。

頬切地蔵から少し登っていくと、「まっとう岩」への説明板には、「尾根筋の端に、見上げるほど高くそびえ、どっしりと腰を据えて座す巨石です。周辺が杉林となる前までは、遠く紀の川の対岸からもよく見えたため、天野を目指す人の目印となったとされています。「まっとう」の語源は未だよくわかっていませんが、目印ということから「的」を意味するといわれることもあります」とあって、右側にある狭小な道を約100mほど往復します。

まっとう岩からは、数百mほどで笠松峠に至り、車道と合流します。峠名は字図による地名と古絵図などに三谷峠とありますが、いつの頃からか笠松峠と呼ばれるようになっているようです。名称の由来とされる笠松は枯れてしまったのか所在はわかりません。

笠松峠から車道を少し進み、右側に入ると天野の里と丹生都比売神社へ至る下り坂があり、車道の左側には町石道につながる約1㎞余りの坂道の入口があって六本杉峠に至ります。

笠松峠から約1㎞のつづら折りの坂道を下れば、天野の里山風景が開け、丹生都比売神社前の駐車場に至ります。駐車場には手洗いがあり、小川に架

けられた石板の橋を渡って鳥居前に進みます。

　丹生都比売神社から少し戻って、車道右の約1km余りの坂道を登れば、町石道につながる六本杉峠に至ります。

② 　丹生酒殿神社

【図表48　丹生酒殿神社】

　神社名は、崇神天皇（または応神天皇）の時代、丹生都比売大神がこの地に降臨したとき、酒を初めて神前に供えたことに由来するとされています。

　丹生酒殿神社(図表48参照)は、丹生惣神主家伝来の天野大社周辺絵図（高野山大学所蔵）をはじめ高野山絵図などで三谷坂の登り口近くに描かれています。そして、天野にある丹生都比売神社への参道であるとともに、高野山への参詣道としても利用された三谷坂に近く、かつらぎ町三谷地区の一段高い位置にあります。

　周辺には、金比羅宮、大師堂などがある「三谷津」、河南大和街道の三谷坂分岐、丹生比売大神の降臨地とされている「七尋瀧」のほか「宮瀧」、「竈明神社」など、丹生都比売神社と関わりの深い史跡が多くあり、天野・高野参詣者にとって三谷坂の実質的な登り口にあります。

　『紀伊国名所図会』では、丹生酒殿神社について「當社を天野摂社の随一として」とあり、『紀伊続風土記』には、丹生都比売神社の正月行事として「惣神主歩初と號し三谷大明神へ社参して御供物を獻し」とあるように、「随一」、「歩初」および「大明神」といった記述から、丹生都比売神社にとって丹生酒殿神社が重要な位置を占めていたことが示されています。

　また、『高野山と真言密教の研究』（五来重編2000.11）の中にある「高野山と丹生社について」（和多昭夫著）によれば、その山上（中腹）と山下の位置関係から、丹生酒殿神社が里宮であるのに対して丹生都比売神社はその山宮（中宮）に当たると考えられ、丹生酒殿神社が現状以上に重要な地位にあったとしています。

4 麻生津道（西国街道）

麻生津道は表参道「高野山町石道」と矢立で合流

　麻生津道は、麻生津口、若山口または麻生津街道、わかやま街道などとも呼ばれました。西国三十三所観音巡礼では、三番札所の粉河寺から四番札所の施福寺に向かう前に麻生津道で高野山に立ち寄り参詣することがあったことから、西国街道とも呼ばれています。

　『紀伊続風土記』［領内街道］の項で、麻生津街道には、「大門口より乾の方　伊都郡志賀荘学侶領を経て　同郡四村学侶領那賀郡友淵両荘の界より同郡麻生津荘麻生津峠に至る　道程五里」とあります。

　また、『紀伊国名所図会』［大門口］の項に、「府下より登るものは、麻生津峠より志賀郷を経て、矢立にて此道に合し、大門に入る」とあるように、麻生津道は、「登山七路」の1つ大門口、西口、矢立口などと呼ばれた表参道「高野山町石道」とは、梨木峠を越え花坂を経由して矢立で合流します。

　山麓の麻生津には茶屋・旅籠があって、図表49の絵図に麻生津峠での茶

【図表49　麻生津峠『紀伊国名所図会』】

店の賑わいが描かれています。また『紀伊続風土記』には、「麻生津よりの高野街道にて旅舎多く駅舎の体　山家の趣なし」と花坂と高野街道沿いの賑わいの様子が伝えられています。

　街道沿いの道標石や地蔵石仏などは、江戸時代以降のものがほとんどですが、花坂の集落に入る手前の「御室(おむろ)」と呼ばれる川向いの小高い丘に通常の２倍以上の大きさがある一石五輪塔があって、室町時代のものと推定されています。

　「御室」は、古くから仁和寺門跡の墓所、隠棲庵跡などがあったと伝えられ、近年、調査が行われ見学ができるように整備されています。

　高野山の高僧、祈親上人(きしんしょうにん)・定誉(じょうよ)(958年〜1047年)と弟子の明算大徳(めいさんだいとく)(1021年〜1106年)について、『高野春秋編年輯録』などに記述がある逸話の中には「麻生津山頂ノ路ニ」とあって、麻生津峠などが舞台となっています。このことから、麻生津道の成立時期は平安時代に遡るともされています。

【図表50　麻生津道（横谷集落）】

【図表51　麻生津峠付近から（紀ノ川流域）】

① 麻生津道（西国街道）を歩く

　ＪＲ和歌山線名手駅(なてえき)東側２つ目の踏切から南に歩き、紀ノ川に架かる麻生津橋を渡ります。麻生津橋南詰めから堤防沿いの道を東に辿り、堤防の階段を降りると、街道は麻生津集落（図表50参照）などから麻生津峠（図表51参照）、日高峠、市峠、梨木峠などいくつもの峠を越えて高野山町石道へと続きます。

　街道沿いには、町石道の合流点までに高野街道六地蔵などが祀られ、道標石や廻国供養碑(かいこくくようひ)などの板

碑が点在しています。

　山麓から麻生津峠までには2ｍ前後の舗装した急な坂道が続き、六地蔵の北涌に「一の地蔵」、横谷に「二の地蔵」が祀られ、茶屋跡の麻生津峠には「三の地蔵」と観音堂があります。観音堂の周りには、ベンチ、手洗い、広場があるため、休憩所としての利用に適しています。

　街道には、六地蔵のほかにも「釈迦堂」、「堂前の地蔵」、「大師の井戸」などの祠やお堂があり、「将棋石」などの板碑や道標石などが各所に立っています。

　「堂前の地蔵」は、休場地蔵堂とも呼ばれて茶の接待所がありました。今は、お堂と隣接してベンチと手洗いがあり、堂内に弘法大師や地蔵菩薩などの仏像が祀られています。

　「将棋石」（図表52参照）は、土岐頼信（万喜）城主土岐頼春の子）の供養塔で、寛永16年(1639年)の銘があります。詳細は不明ですが、【図表52　将棋石（土岐頼信供養塔）】

『紀伊続風土記』には蟄居場所で亡くなったために立てられたものとされています。

　麻生津峠から清川まで森林の中を舗装路が続きますが、清川から「四の地蔵」のある日高峠を経て市峠までの間には、植林の中、山道または林道を歩きます。しかし、近年の台風被害による倒木が放置されていたりしますので、山道または林道での倒木処理状況の事前確認をしてから歩くのが無難です。

　市峠からは車道を進み、真国川に沿った道により志賀の集落を過ぎたあたりで志賀高野山トンネルの手前から梨木峠を越えます。梨木峠の手前には、植林の中に山道が残り、見過ごしてしまいがちですが、山側には「五の地蔵」が一石五輪塔とあわせて祀られています（図表53参照）。

　梨木峠を越えると花坂集落の手前で国道と合流します。御室橋を渡ると国道と分岐する川沿いの道が花坂集

落へと続きます。焼餅店前で街道は花坂集落に入り、小高い丘にある小学校や隣接する鳴川神社、観音堂などを左に見上げながら、簡易舗装路を谷川沿いに進みます。林道との交差を直進して坂道を登れば、高野山町石道と合流する「六の地蔵」矢立に至ります。

【図表53　梨木峠「五の地蔵」】

② 仁和寺門跡静覚法親王の隠棲地

【図表54　一石五輪塔が祀られた祠】

高野町大字花坂の集落近くには、通常の2倍以上の大きさがある一石五輪塔が祠の中に地蔵尊として祀られていました（図表54参照）。また、川を隔てた山腹に室町時代のものと推定される五輪塔などがあり、仁和寺門跡18世静覚法親王（1439年～1503年）の墓所と伝えられています。

　近くには隠棲庵跡と伝わる現況が畑の場所があり、厳冬の高野山から避寒されるための里坊跡であったとも考えられます。なお、現地からは、10世紀から11世紀ごろの製作とみられる如来形座像の小金銅仏なども出土しています。

　『高野春秋編年輯録』によりますと、後光臺院御室静覚法親王は応仁元年（1467年）に京都の兵火により仁和寺から高雄山に逃れた後、高野山の光臺院に入られ、36年間住まわれたとあります。また、文亀3年（1503年）秋7月15日に65歳でお亡くなりになり、墓所は花坂村鳴子明神社の3町（約330m）ほど北にあるとしています。

　このことについて、『和歌山懸史蹟名勝天然記念物調査會報告第十七輯』に「靜覺法親王御墓（傳説地）」として田村熊太郎氏の調査報告があります。

　この報告によりますと、墓所の所在地は「伊都郡高野町大字花阪字大師原

七六七番地」で、地目が「山林」、地積が「約十五坪」、現状について次のとおりとしています。

「高野町花阪ノ北川（天野村神田ニ源ヲ發スルヲ以テ神田川トモイフ）ノ左岸大師原ノ急斜面ハ、多ク杉檜ヲ植林シ、山脚部ノミ畑ニ開墾セラレテ桑園トナリ、北川溪谷ニ沿フテ僅カニ水田ガアル、花阪ノ大橋ヨリ縣道（笠田、大門間）ヲ北ニ進ムコト約一町ニシテ、畑地盡キテ山林トナル傾斜面ニ、靜覺法親王御墓ト稱スル地域ガアリ、高サ約三尺ノ五輪塔ガ一基建テラレテ居ル。昭和三年　聖上陛下御大典記念事業ノ一トシテ、村民有志、在郷軍人會、青年會員等相謀リ、ヤンゴトナキ地域ヲ顯彰センガタメニ、間口約二間、奥行約四間ノ木柵ヲ施シテ淨域ヲ劃シテ居ル。往昔ココニ二基ノ五輪塔ガ相並ンデ建テラレテ居タガ、ソノ大ナルモノ（高サ約五尺）ハ今ハ花阪大橋ノ北方約三町ノ縣道ノ路傍ニウツサレ、地藏尊トシテ一般村民ニ尊崇セラレテ居ル」。

また、静覚法親王については、由来の項で次のとおりとしています。

「靜覺法親王ハ木寺宮邦康親王ノ御子ニシテ後花園天皇ノ御猶子ニマシマシ、後小松天皇ノ御猶子ナル法金剛院御室ニ嗣イデ皇統門跡ヲ相承シ給フ、然ルニ應仁ノ大亂起リ、京洛兵火ノ巷トナリ、仁和寺マタ災禍ニ罹リ、殿堂ガ烏有ニ歸シタノデ、一旦難ヲ高雄山ニ避ケサセレタガ、其處モ猶都近クシテ住ミ憂キ處多カリトテ、高野山ニ登ラセラレ、行ヒ澄マサセタマヒケルガ、後ニ花阪村ニ御隱棲セサセラレ、文龜三年七月十五日御齡六十五ヲ以テ圓寂アラセ給フタノデアル」。

同報告には、「御室屋敷（靜覺法親王御隱棲庵址）」として、同じく田村熊太郎氏の調査報告があります。

この報告によりますと、隠棲跡(いんせいあと)の現状については、畑に桑が植えられ、古くから御室屋敷、静覚法親王の隠棲庵跡とも称せられて井戸には清水がたたえて昔の面影を残しているとしています。

そして、顕彰保存について、「地域極メテ狹隘ナルモ、土地高燥、山ニ對シ谷ニ臨ミ、浮世ノ俗塵ヲ超脱セラレタ御身ニハ御心置キナク澄ミ渡ル眞如ノ月モ、麗ハシキ法性ノ華モ御眺メアソバサレ得タコトデアロウ。後光臺院御室ノ御名ニモ似ヌ果敢ナキ御生

涯ノ最終ヲ秘メテ居ラルル御庵阯ト恐察スル。顕彰保存ヲ念願スルヤ切ナルモノガアル」とその必要性を説いています。

【図表55　静覚法親王墓所】

平成27年(2015年)からの高野町教育委員会による墓所調査により、北川（神田川）の右岸「向御室(むかいおむろ)」と呼ばれる場所にある祠の中で地蔵尊として祀られていた五輪塔を元の墓所に戻して周辺整備されています（図表55参照）。

5　高野山の諸門

　大門口は、高野山町石道、三谷道、麻生津道（西国街道）、安楽川道、細川道などの参詣道が合流して高野山の総門とされる大門に至ります。

　大門については、世界遺産に登録されていることから第7章に掲載しますが、高野山には大門以外にも、壇上伽藍、金剛峯寺、塔頭寺院などにそれぞれ門が構えられています。かつて、鳥居の形をした二本柱の門のあった塔頭寺院の記憶があります。

　また、中国の建築様式を取り入れた塔頭寺院の門などもあり、無断で門から中に立ち入ることはできませんが、それぞれの門は外から鑑賞できますので高野山の諸門巡りをしてみてはいかがでしょうか。

　なお、後述のiについては高野町教育委員会による調査報告書など、ⅱ、ⅴについては、『和歌山県文化財ガイドブック』(2007)和歌山県教育委員会文化遺産課（中和印刷紙器）の金剛峯寺及び普賢院四脚門の説明文を、ⅲ、ⅳについては、『新・高野百景其の弐』(2007)画 藤原茂雄・文 山口文章（教育評論社）の金剛峯寺勅使門の説明文をそれぞれ参考及び抜粋等をしています。

ⅰ　中門

　弘仁10年（819年）に弘法大師の弟子実恵によって現在の壇上金堂前に創

建された。その後、永治元年（1141 年）に現在の場所に移築されている。

　移築後は、老朽化および火災による焼失と再建が繰り返されているが、再建位置はおおむね同様で現在まで 7 期にわたる。

　今回再建される中門は、第 8 期目に当たる。桁行 17.2 m、高さ 16.2 m、五間三戸楼門、入母屋造で、高野山開創 1200 年大法会記念事業の一環として再建事業が行われた。

ii　金剛峯寺山門及び会下門

　総本山金剛峯寺として大主殿や宗務所などのある寺域は、明治以前は青巌寺と称し、天正 20 年（1592 年）に豊臣秀吉創建後 3 度も焼失、文久 2 年（1862 年）に再建された。正面に四脚門形式の山門、東に長屋門形式の会下門を開き、南面から西面にかけ長大なかご塀及び築地塀を建て廻している。

iii　勅使門

　昭和 9 年、弘法大師 1100 年御遠忌大法会特別事業として奥殿、別殿とともに建立された端正な唐門。正式な名称は「中門」であるが、竣工当初から「勅使門」の俗称で親しまれてきた。

　勅使門とは、天皇陛下や皇族、その使者である勅使が通る専用門を意味し、金剛峯寺前身の青巌寺西門がこれに当たる。

iv　黒門

　興山寺（現在の金剛峯寺奥殿付近）裏山の行人方東照宮参道入口にあった漆黒で重厚な姿の棟門を明治 44 年（1911 年）に勅使門の地に移築して大学林の正門とした。しばらくして「六時の鐘」横に再移設され、昭和 7 年に現在の高野山大学の構内に移されたが、昭和 25 年（1950 年）のジェーン台風で倒壊した。東京帝国大学の赤門にもじって「東の赤門、西の黒門」と称し、往時の学生気質を象徴する建築物あったが、今は礎石が残る。

v　普賢院四脚門

　寛永年間（1624 〜 1643 年）に造営された行人方東照宮の遺構といわれ、明治 25 年（1892 年）に塔頭寺院である普賢院に移築されたもの。四脚平唐門で檜皮葺の建物。軸部は丹塗りで蟇股・木鼻等の彫刻には極彩色を施し、紅梁に龍・天女・鳳凰の絵彩色が巧に描かれている。細部の手法に江戸時代初期の特徴をよく示している。重要文化財の建造物に指定されている。

第4章
不動坂口（京大坂道、槙尾道）

神谷辻の道標石

1 不動坂口の高野参詣道

不動坂口とは

　不動坂口は、不動口、京口、大坂口、神谷（紙屋）口、学文路口などとも呼ばれました。京都、大阪、堺などからの高野街道が河内長野までに合流して、大阪府と和歌山県の府県境にある紀見峠を越えます(図表56参照)。

　高野街道は、紀見峠を下り3本の道に分岐して紀ノ川を渡りました。そのうち橋本から紀ノ川を渡り、清水、学文路の宿場を経て高野山へ至る道は、京道、大坂道、堺道、京大坂道などと呼ばれました(図表57参照)。

　紀ノ川河畔の学文路からは、河根、桜茶屋、神谷などを経て最後に最大の難所と呼ばれた不動坂を登って高野山で唯一残る女人堂に至ります。

　宿場で賑わった神谷には、高野山から西国三十三所観音巡礼の四番札所槇尾山施福寺に至る槇尾道との分岐があります。この道は、高野山開創1100年にあわせた新高野街道としての改修があり、大正4年（1915年）当時は参詣者で大いに賑わいました。そして、それ以降、女人堂までの急峻で険しい不動坂は、並行して新たな道ができたことにより利用されなくなりました。

　その後、昭和初期に、南海電気鉄道の極楽橋駅から高野山駅間にケーブルカーが敷設された

【図表56　高野街路略図1】

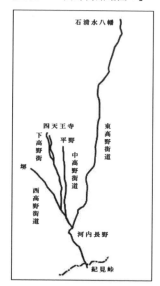

【図表57　高野街路略図2】

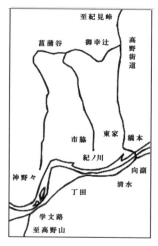

ことで、その新たな道も利用されなくなりましたが、結果として、古来の不動坂が山中に取り残されたことによりその後の改変などから免れ、平成23年度の古道整備により再び高野参詣道としてよみがえっています。

2　京大坂道

京大坂道の特徴

　京都の東寺近くの羅城門(らじょうもん)から鳥羽街道で、鳥羽、淀を経て、石清水八幡(いわしみずはちまん)から東高野街道、大阪の平野および四天王寺から中高野街道と下高野街道、堺から西高野街道と、主に4本の高野街道が河内長野までに合流して大阪府と和歌山県の府県境にある紀見峠を越えます。

　紀ノ川の渡し場があった橋本は、宿場や塩市によって栄えました。江戸時代には街道が整備されて、高野参詣道の中で京大坂道が主街道となっています。

　橋本の南側の対岸にある二軒茶屋・三軒茶屋の渡し場から旅籠や茶屋があった清水(しみず)、学文路(かむろ)、河根(かね)、桜茶屋(さくらぢゃや)、神谷(かみや)などを経て不動坂を登り、高野山上の不動坂口女人堂に至ります。

　京大坂道は、京都、大坂、堺などからは高野山への表参道の町石道よりも短時間で高野山に着くことができました。

　『紀伊国名所図会』[登山七路]の項で、「京大坂より紀伊見峠を越えて来るものと、大和路より待乳峠を越えて来るものと、清水村二軒茶屋にて合ひ、学文路を経てこの道より登詣するもの、十に八九なり」と表現され、学文路から不動坂口女人堂に至る京大坂道の利用は、江戸時代後期において高野参詣の8～9割に及ぶとしています。

　堺からの西高野街道には、ほぼ1里（約4km）ごとに道標石としての里石(りいし)（例：幅約24cm、地上1.5m）が立てられています。里石は、堺の大小路(おおしょうじ)（晴明辻(せいめいつじ)）を起点として高野山女人堂までの道筋に立ち、竹内街道との分岐にある十三里石から始まり神谷の一里石まですべてが現存しています。

　安政4年(1857年)に河内国茱萸木村(ぐみのきむら)（現大阪狭山市）の小左衛門と五

兵衛の発起で造立されたもので、女人堂までの距離（里数）や施主名などが刻まれています。

① 『紀伊国名所図会』の京大坂道を歩く

京大坂道に関しては、町石道と同様にたくさんの書籍が出版されていますので、ここでは『紀伊国名所図会』で描かれている「不動坂より学文路迄の図」に沿って京大坂道を歩くこととします。なお、要所で現代の文字に置き換えています。絵図は其一から其八までとなっていますが順を逆とします。

学文路は、宿場として賑わい、苅萱物語に登場する石童（堂）丸と母千里の前が宿泊したとされる玉屋などが描かれています。

図表58の絵図左下の地蔵堂の先に紀ノ川と船着き場が描かれ、街道沿いにある「物狂石」は謡曲『高野物狂』に登場する高師四郎ゆかりの地と伝わり、現在は地蔵石仏などが集められています。

街道は、一里（約4km）手前の紀ノ川渡し場がある二軒茶屋・三軒茶屋からの高野街道であり、街道沿いの清水に高野六地蔵の第一地蔵（西行堂）が、南馬場に第二地蔵が祀られています。

【図表58　不動坂より学文路迄の図　其八　学文路　西光寺　物狂石】

堺の大小路から高野山女人堂までの西高野街道に、安政4年（1857年）に立てられた13本の里石のうち三里石が学文路に立っていますが、この里石は絵図が描かれた以後に立てられたもののため、絵図上にはありません。
　絵図の右下にある慈尊院道の分岐に道標石が立っています。「右　慈尊院みち是より一里　左　高野みち女人堂迄三里」と刻まれ、学文路から慈尊院を経て高野山まで町石道を辿れば約六里あることから、その半分の三里の距離となる学文路から高野山への道の近さによって、「この道より登詣するもの、十に八九なり」と表現されるほど通行に利用されたことが理解できます。
　学文路からの登り始めにある高台に、苅萱堂（仁徳寺）が、図表59の絵図左に描かれています。
　苅萱物語で、石童（堂）丸は、病弱の母千里の前を学文路に残して父苅萱道心（かるやどうしん）に出会うために高野山に向かいますが、その間に母は亡くなってしまいます。絵図では「苅萱ノ室千里御前墓」が境内に描かれています。
　絵図中ほど上部の道沿いに弘法大師の袈裟干石（けさほしいし）が描かれていますが、所在はわかりません。しかし、道幅の狭い街道を剃刀（かみそり）で拡げたという剃刀岩（かみそりいわ）や盛夏でも枯れずに水がしたたる「しづく岩」で喉を潤（うるお）されたという弘法大師伝

【図表59　不動坂より学文路迄の図　其七　大師硯水　苅萱堂】

説が残る岩が現地にあります。また、しづく岩は、硯の石材として用いられたと伝わっています。

図表59の絵図右下に天神社が描かれ、幡天神の集落を経て第三地蔵のある繁野集落を過ぎると、弘法大師硯水に至ります。この地を通りかかった弘法大師が村人に硯の水を求めたところ、水がなかった村人は遠い谷から水を汲んできたため、その厚意に感謝して水に不自由している村人のために大師が井戸を掘り与えたとの伝説が残ります。そして、それからは、この井戸を弘法大師硯水と呼ばれるようになったとされています。

図表60には、河根峠を越えて河根村の「丹生神社」および「日輪寺」から丹生川に架けられた「河根バシ」までが描かれています。

日輪寺の左下に河根峠の第四地蔵が描かれ、峠からの急峻な坂道を下ると日輪寺から本陣旅館のあった河根村の宿場には旅籠や茶屋が建ち並んでいました。道筋では、傘紙に使われる和紙を漉く家があり、河根村は高野紙十郷と呼ばれた高野紙産地の1つでした。

河根の宿場を過ぎると欄干のある「河根バシ」を渡ります。この橋は、寛永11年(1634年)に幕府によって架けられ、7年ごとに営繕費千石が支給

【図表60　不動坂より学文路迄の図　其六　河根村　千石橋　塩竈古跡　日輪寺】

されたこと、または年貢米千石を運んだことから、「千石橋」とも呼ばれました。

絵図に描かれていませんが、現地では千石橋北詰で街道の西側に「是ヨリ高野山女人堂江二里」と刻まれた二里石が立てられています。

千石橋を渡ると、作水集落までの急坂の作水坂があります。この坂は、庶民や子供を愛したことで知られる良寛上人(1758年～1831年)の『高野紀行』で「さみつ坂といふところに、里の童の青竹の杖をきりてうりゐたりけれバ　黄金もていざ杖買はんさみつ坂　里へくだれば日は西の山にいりぬ」という句にある「さみつ坂」であるとの研究があります。

図表61の絵図左の作水坂を登り切ったところから絵図上部を経て右下の神谷辻に至る道筋が描かれています。作水坂を登り切ったところに第五地蔵が描かれ、絵図右上の桜茶屋には第六地蔵が祀られています。

絵図の右中ほどに「不動岩」が描かれていますが、明治4年(1871年)日本最後の仇討ともいわれた「神谷(高野)の仇討」の行われた黒石付近にあった「大岩」に当たると思われます。道路の拡張で谷側の黒石が削られて小さくなったとされますが、絵図に描かれた山側の「不動岩」は当時

【図表61　不動坂より学文路迄の図　其五　桜茶屋　神谷辻】

のままに残っています。

　絵図の中ほどに地蔵堂があり、そこから分岐する慈尊院道・槇尾道は、九度山から慈尊院、そして紀の川を渡り西国三十三所の槇尾山施福寺への道です。道路の拡幅による影響のためか1か所に道標が4本集められ、堺から始まった里程石の最後の一里石が「右　京大坂道」の道標に挟まれて立っています。

　図表61の絵図の右下には、旅籠と茶屋が並ぶ神谷辻から「馬ミチ」と書かれた馬廻り道の分岐が描かれています。この道は、馬で物資を運ぶ場合、不動坂手前の牛馬が通行できない四寸岩を避けるために分岐し、神谷辻から大きく迂回して浦神谷集落を経て不動坂の途中で再び京大坂道に合流します。

　神谷辻の宿場を離れ、桟橋がいくつか架けられた街道の中ほどに両側からの巨岩が通行を塞ぐ難所の四寸岩が描かれています（図表62参照）。

　その四寸岩には、弘法大師の足跡とされる長さ四寸（約12cm）ほどの窪みがあり、それに足を重ねることで人ひとりのみが通行可能でした。このため牛馬は通行できず、神谷辻から迂回して浦神谷集落から不動坂につながる

【図表62　不動坂より学文路迄の図　其四　四寸岩　卒都婆木】

68　第4章　不動坂口（京大坂道、槇尾道）

馬廻り道を利用しました。

　明治初期には四寸岩の上側に牛馬道が開設されたため、馬廻り道はほとんど利用されなくなったものと思われます。

　その後、内閣総理大臣を２度務めるなどした松方正義(1835年〜1924年)の碑が立つ四寸岩も、古道に並行した車道と鉄道の開通により訪れる人もなくなり、かつての桟橋が朽ち果て通行不能となっていました。

　現在は、応急的に橋が架けられるなどしていますが、極楽橋手前で鉄道線路を横切ることから安全対策が課題であり、線路を横断せずに通行できる方策が講じられようとしています。

　なお、四寸岩への道沿いの山中には桜の樹々が多くあるとされていますので、この道が通行可能となることが待たれます。

　図表63には、「不動橋」を渡り、不動坂の登りはじめから「外之不動」を経て「岩不動」までの坂道が描かれています。

　不動橋は、南海電気鉄道の極楽橋駅から高野山ケーブルへの通路橋が架かっている位置にあったとされます。その不動橋を渡ると、登りはじめの「いろは坂」は、弘法大師作とも伝わる「いろは」四十八文字にちなんだ「四十八

【図表63　不動坂より学文路迄の図　其三　外の不動　万丈転　不動橋】

曲がり」ともいわれるつづら折りの急な坂道です。現在は、極楽橋駅の川下に架かる極楽橋を渡り、高野山ケーブルの軌道下をくぐり抜けると数百m先に新旧の不動坂分岐があります。

　いろは坂を登り切り、尾根筋に出ると「万丈転がし」といわれた罪人の処刑場跡がありますが、絵図では中央左に断崖絶壁と柵が描かれています。高野山内で罪を犯した者に対する2番目に重い刑として、万丈転がしで罪人は、手足を縛り簀巻きにして崖下に投げられたということです。

　万丈転がしの右に外之不動堂が描かれていますが、大正9年（1920年）、新たに付け替えられた不動坂沿いに「清不動」として移転しています。外之不動跡の谷側には、当時の陶磁器類の破片がたくさん捨てられていました。

　左上に桟橋が2か所描かれていますが、長い年月を経て不動坂の桟橋数か所が朽ち果てていましたので、万丈転がしの柵とともに周辺山林の間伐材で平成23年(2011年)に復元整備されています。

　図表63の絵図の右中ほどには、荷物を背に乗せて運んでいる馬の姿とともに「馬道」が描かれています。四寸岩を避けて神谷辻からの馬廻り道が、不動坂の中ほどでつながります。不動坂と馬廻り道との分岐には、寛政4年

【図表64　不動坂より学文路迄の図　其二　花折　児滝】

(1792年)の道標石が立ち「右　加ミや　まきのを　い世　京　大坂　道」と刻まれています。

図表63の絵図右端の「岩不動」は、外不動、内不動に対し中不動とも呼ばれました。

図表64の絵図左に「児滝（ちごのたき）」を見下ろす道筋、右には「花折（はなおり）」の坂道が描かれています。児滝の周辺では、杉の植林が成長したため、不動坂からは滝の音を聴きながら木々のわずかな隙間から児滝の姿を見下ろすしかありません。

大正9年に移築された清不動の裏手から花折坂を登り切ると、絵図右中ほどには、平成22年(2010年)に地中から掘り起こされた2基の華瓶（けびょう）といわれる石製の花立が立つ「花折」に至ります。

花折には、華瓶のほかに、宝篋印塔（ほうきょういんとう）、不動明王および地蔵菩薩の石像などが並び、絵図当時の様子を今に伝えています。

図表65の絵図には、不動坂を登り切り、京大坂道の終点といえる「女人堂」までの道筋が描かれています。

絵図の左下には、不動坂からの分岐に「大門出ル女人堂道」とあります。

この道は、現在、倒木やクマザサに覆われて通行不能ですが、花折を過ぎ不動坂から右斜め上に分岐します。バスの検問所付近で専用道のために掘割状に分断されていますが、弁天岳を経て大門へ至り各女人堂を巡る尾根筋の道でした。

不動坂口女人堂前のバス停から弁天岳への登り始めの現在の道は、バス専用道のために前述の女人堂道が分断された結果、新たに付け替えられた道となります。

不動坂口女人堂には、大日如来（胎蔵）、弁財天像とともに神変大菩薩（じんべんだいぼさつ）として役行者が祀られています。女人堂になぜ役行者がという感じがし

【図表65　不動坂より学文路迄の図　其一】

2　京大坂道　71

ますが、女人堂を巡る道は高野山の外八葉の峰々をめぐるいわゆるお鉢めぐりの修行の道でもあったことと関係があるとすれば理解できます。

　また、弁財天像は、女人堂が弁天岳の登り口にあることから祀られているのかも知れません。

　絵図にある女人堂の右には不動堂と庵室があり、制札が立てられていますが、今は女人堂だけが残ります。かつてこの不動堂は、外不動と中不動に対し内不動と呼ばれていました。また、庵室には、女人堂の管理・警固などに当たった山奴が駐在していました。

② 高野山開創1100年までの不動坂

　およそ百年前に不動坂は、大正4年(1915年)の高野山開創1100年にあわせて急峻な坂の勾配を緩くするために大きく迂回した道が新設されました。そして、旧来の不動坂は山中に取り残され、今では新設の道が不動坂と呼ばれるようになっています。

　旧不動坂が山中に取り残されたことにより、『紀伊国名所図会』で描かれた道がそのまま保存されることとなりました。近年の不動坂調査とともに、平成23年度に古道整備事業が実施され、旧不動坂にあった数か所の朽ち果てた桟橋が新たに架け替えられるなどしました。その結果、かつての高野参詣道が再びよみがえっています。

③ 旧不動坂回想録

　『紀伊国名所図会』に描かれている不動坂が、ほぼそのまま今の時代まで保存されることとなったのですが、近年の不動坂の旧道はクマザサが生い茂り、桟橋は崩れ落ちて通行不能な状態が続いていました。そしてその結果、旧不動坂はその存在さえ忘れられようとしていました。

　しかし、かつて森林管理に携わったことのある高野山在住でご高齢のK氏からの話をもとにして、高野山霊宝館発行の刊行物が「新旧の不動坂」を取り上げたことがあります。

　その後、K氏とお会いする機会がありましたので、K氏から聞かせていただいた話をもとに何度か旧不動坂現地を訪ねてみました。クマザサをかき分

け、桟橋が崩れた急斜面を滑り落ちないよう注意して進むなどして旧不動坂らしきルートの確認を試みました。帰ってみるとクマザサに潜んでいたマダニに体中の何か所にも取りつかれていて、ひどい痒みに数週間も悩まされることがありました。

そのような苦労もありましたが、あるとき、クマザサに覆われた地面に角張った石が埋もれているのに気がつきました（図表66参照）。後日、再び訪れて雪を払ってみると、図表67のように「右　加ミや　まきのを　い世　京大坂　道」との文字が浮き出てきました。側面には「南無大師遍照金剛」と「寛政四壬子年七月立」とあり、不動坂の馬廻り道分岐にあった道標石であることがわかりました。

この道標石を立てるための基礎部分であったと思われる「コ」の字形の石も近くに埋もれていました（図表68参照）。基礎部分が道標石の四面を囲む「ロ」の字形でなかったことからもう1つ「コ」の字形の石があったのではと探しましたが見つからず谷底に落ちてしまったのかと諦めていました。

【図表66　埋もれた不動坂道標石】

【図表67　道標石の側面（三面）】

【図表68　道標石と基礎部分】

それが、図表69のように道標として復元して立てたときに基礎部が道標石の三面を囲む「コ」の字形である理由がわかりました。道標石の位置は、上り坂の馬廻り道と下り坂の不動坂が分岐する間の斜面にあったため、道標石の一面は斜面で支えられて三面を囲む「コ」の字形でよかったのです。

【図表69　復元された道標石】

道標石が見つかりましたので、旧不動坂のルートを証明する重要な根拠となりました。しかし、旧不動坂のルートで不明な部分もありましたので、前述のK氏に現地まで同行をお願いしたことがあります。

【図表70　土中の石製華瓶】

女人堂から数100m下れば「花折」があり、その下の坂道が「花折坂」といわれています。新旧の不動坂が交わる場所で、その位置関係が良くわかりませんでした。

花折には、宝篋印塔(ほうきょういんとう)、不動明王、地蔵菩薩の石像などが並び、その前には華瓶(けびょう)といわれる石製の花立があり高野槙などが供えられています。

K氏は、石像が並ぶ花折からやや離れたクマザサに覆われた場所を指して、「ここにお地蔵さんがあった」と口にされました。このことから、新旧不動坂との位置関係の変化で前述の宝篋印塔や石像などが移転していることがわかりました。

後日、「花折」のクマザサに覆われた場所を見てみますと、わずか数10cmですが石の角が地表に出ているようなところがありました（図表70参照）。少し掘ってみますと、かなり大きなものとわかりましたので、日を改め高野町の教育委員会から2名の協力を得て3人の力で掘り起こしを試みました。

姿を現したのが、通常の石製華瓶の3倍ほどの大きさがあるもので、「弘法大師御法楽」と刻まれていました。これが、『紀伊国名所図会』などの古絵図に描かれた一対の華瓶（図表71参照）のひとつとすれば、もう1基あるはずでしたが、見つけることができませんでした。

その後、教育委員会が説明板を立てるときに、その場にいた関係者は半ば諦めていましたが、周囲を探すことにしました。しばらくして、説明板の設置を依頼されていた業者の方に、「四社明神御法楽」と刻まれた石製華瓶を見つけていただき、一対の華瓶が揃うこととなりました。

現在、金剛峯寺により、石製華瓶の欠けている部分などを修復したものが花折坂に2基揃って立っています（図表72参照）。

【図表71 『高野全山及び周辺の絵図』西南院蔵】

【図表72 石製華瓶（弘法大師・四社明神）】

3 槇尾道と新高野街道

槇尾道を行く

西国三十三所観音巡礼では、三番札所の粉河寺から高野山に参詣のため立ち寄った場合、下山路は京大坂道の不動坂から神谷辻で分岐（図表73参照）して長坂、椎出、九度山の集落を経て慈尊院の渡し場から紀ノ川を渡ります。

そして、和泉山脈の蔵王峠を越えて四番札所の槇尾山施福寺へと向かいました。

この道は、古くから槇尾道とも呼ばれ、施福寺には弘法大師御剃髪所跡との石碑があり、唐からの帰国後滞在していたとの説があるなど、空海とゆかりの寺であり、高野山との往来があったといえます。

【図表73　神谷辻の道標石】

新高野街道を行く

時代は下り、明治33年(1900年)には、和歌山から五條間の紀和鉄道が全線開通し、翌年に設置された名倉駅(後に高野口駅と改称)から九度山、椎出、長坂を通って高野山に至る道が高野山への最短の新高野街道として多くの参詣者に利用されたことが、当時の高野口駅乗降客数などで推測されます。

さらに、大正4年(1915年)の高野山開創1100年に合わせて改修整備された新高野街道は、歩行者だ

【図表74　御成婚記念道程標（椎出）】

けでなく、乗合自動車、人力車が行き交い、多くの参詣者で賑わったとのことです。

新高野街道には、大正7年(1918年)から、山麓の椎出と女人堂との間に、名古屋地方を中心とした人たちによって「丁石」が200mおきに立てられました。また、大正13年(1924年)椎出、神谷および女人堂の3か所に当時の皇太子（後の昭和天皇）御成婚記念道程標が立てられています（図表74参照）。

新高野街道に並行して大正14年（1925年）、椎出から極楽橋までバス専用道も整備され、さらに極楽橋から女人堂までにはロープウェイの敷設が計画されました。

しかし、やがて、昭和4年(1929年)に極楽橋まで鉄道が通じ、また高

野山ケーブルが開通したことにより、新高野街道およびバス専用道の役割は終わり、ロープウェイについては建設中止となりました。

なお、ロープウェイについては、極楽橋と女人堂のそれぞれの近くに駅舎跡が残っています。また、バス専用道については、舗装されて車道としての利用がされている箇所もあります。

一方、長年通行がなく、山中に残された長坂苅萱堂跡から神谷までの槇尾道・新高野街道は、崩落などにより危険な状態でした。しかし、近年には、山中の古道が整備されて通行ができるようになっています。

ただし、200ｍおきに立っていた丁石の多くが倒れていたり埋もれて所在がわからなかったりしていますので、その復旧と整備が今後の課題となっています（図表75参照）。

なお、地元地域では埋もれていたり、所在がわからず現地にない丁石を新たに造立しようとする取組みが始まっています。

【図表75　新高野街道の丁石】

新高野街道と椎出、神谷の繁栄

新高野街道が整備されたことにより、椎出と神谷を通る街道は大正4年（1915年）の高野山開創1100年記念大法会の頃からは、年間10万人の高野参詣客が行き来したとされる和歌山県内で最も賑わった街道となりました。

大正14年（1925年）に高野電気鉄道が椎出（高野下駅）まで開通、さらに昭和4年（1929年）に極楽橋まで開通、翌年には極楽橋駅から高野山駅までのケーブルができたことにより、橋本方面から電車・ケーブルで高野

山まで直接行くことができるようになりました。これをきっかけに新高野街道は一気に衰退してしまいましたが、短期間ではあるものの椎出と神谷では多くの旅館が軒を連ねるなど大いに繁栄した時期がありました。

椎出区では、80戸の村から300戸、人口2500人となり、旅館などの宿泊施設が10数軒、茶店、飲食店、土産物屋などが50軒余りがあったとされています。なお、椎出まで行き交った紀和鉄道高野口駅からの人力車の台数が大正2年（1913年）に283両に達していたと年表にあります。

神谷では、旅館などの宿泊施設が16軒、約750人が宿泊でき、茶店、飲食店、土産物屋のほか芝居小屋を併設した商人宿もあったとされています。交通環境の変化に伴って新高野街道を利用する高野山への参詣客が一気に減少したことにより、椎出、神谷の繁栄は今では昔のものとなっています。

日本最後の仇討（高野の仇討）

神谷から京大坂道を数百m北に行けば、赤穂藩殉難七士の墓が並び、さらに北に進めば、仇討が行われた待ち伏せ場所近くに説明板が立っています。『日本最後の「高野の仇討」』とあり、説明文の最後に『参考　結城辰夫著　史跡を訪ねて「高野の仇討」より』としています。

日本最後の仇討が複数存在しているのは、文久3年（1863年）に和歌山と大阪の府県境にある紀州街道境橋の北側での仇討が日本で許された最後の仇討であり、明治時代に入ってから4件の仇討についてもそれぞれ日本最後である理由があるようです。

明治4年（1871年）2月に行われた高野の仇討は、明治6年2月7日の太政官布告第37号『復讐ヲ厳禁ス（敵討禁止令）』が出されるきっかけとなったことからと思われます。他の3件は、明治4年（1871年）4月と11月、明治13年（1880年）12月とあります。

なお、高野の仇討に関しては、討たれた側（当初16名が、自殺する者、仲間に斬殺される者で6人に減）の中に罪のない13歳ほどの少年が含まれ、また、医師による検死報告書にはそれぞれの凄まじい死に至る傷の内容が書かれていたりします。討つ側、討たれた側ともに赤穂藩の政争に巻き込まれた故の悲惨な結末でもあり、仇討を素直に称賛するには疑問が残ります。

第5章
黒河口（黒河道・太閤道）

黒河道登り口

1　黒河口の高野参詣道

　黒河道は、粉撞道、仏谷道、丹生川道などが合流して高野山に至り、『紀伊国名所図会』の[登山七路]の項には「黒河村より来ると、野平村より来ると、粉撞峠にて二路合して、千手院谷に入る」とあります。

　黒河（川）口、久保口、大和口、千手院（谷）口、そして粉撞峠を越えることから、粉撞峠口などとも呼ばれました。粉撞峠、黒河峠などいくつもの峠越えの険しい道ですが、山麓の橋本や大和国（奈良）方面からの近道として利用されたといわれます。

　『紀伊国名所図会』では、女人堂より「黒河村まで五十餘町（約5.5km）」とするのが黒河村への道であって、「野平村まで百二十餘町（約13km）」とするのが野平村を経てさらに橋本・大和方面への道であり、距離については野平ではなく橋本近くまでを示していると思われます。

　文禄3年(1594年)、豊臣秀吉が母大政所追善供養のために高野山に訪れ、その帰路とされたのが千手院谷から橋本への山道で「太閤道」とも呼ばれました。『紀伊続風土記』などで秀吉の高野参詣の様子と下山路について記述があり、「此を今に太閤道といふ」とされるなど、その経路沿いには豊臣秀吉ゆかりの地名として「太閤坂」「太閤の馬渡し」「沓場」などが残ります。

2　黒河道（太閤道）

黒河道の特徴

　黒河道は、橋本近辺から高野山千手院谷または奥之院への近道であり、『紀伊国名所図会』の[登山七路]の項に「橋本邊よりの近道なり」とあります。

　黒河道が通る方向は、高野山にとっていわゆる鬼門の方角に当たり、『紀伊続風土記』の記述では、黒河口（千手院谷）にあった合体不動堂の不動尊や千手院観音堂の千手観音は鬼門擁護のために造立されたとしています。

　室町時代に、当時の金剛峯寺座主名を刻んだ地蔵石仏が粉撞峠の祠に祀ら

れているのも、鬼門守護のためと関係があるかも知れません。黒河道沿いにある「塵無（池）」の地名の由来についても、特に綺麗にしなければならないとされる鬼門の方角と関係があるようです。

　高野山の古絵図などで黒河道沿いに描かれている「玉川の水上」についても、奥の院に流れる玉川の水源であって、特に清浄にしなければならず、毒水説については、一般の人々が近づかないようにするためのものと思われます。

　江戸時代の『高野山領の図』（金剛峯寺蔵）には、高野山の領地を結ぶ道筋が描かれていることから、黒河道（太閤道）を辿ることができます。それによると、河南大和街道から賢堂・市平・久保へと続き、佛谷(ほとけだに)・黒河を経て、または久保から直接に高野山へと繋がります。

　橋本から高野山への最後の難所として、高野三山最高峰の楊柳山西側にある粉撞峠を越えて奥之院周回道路に合流後、高野三山の転軸山麓を北西から周って黒河口女人堂跡（千手院谷）に至ります。

① 黒河道（太閤道）を歩く

　現在、橋本の紀ノ川対岸にある二軒茶屋周辺にあった街道は、区画整理や南海電気鉄道高野線の軌道などにより、大半が原形をとどめていません。したがって、鉄道の踏切を渡り、一段高い賢堂地区にある定福寺(図表76参照)手前の市道交差点が実質の起点となります。そこには、説明板と里程標が立てられ、「1」から始まる里程標は、高野山の粉撞峠まで500mおきに26本立てられています。

【図表76　定福寺】

定福寺

　橋本市賢堂(かしこど)地区に所在する定福寺は、黒河道の登り口に位置します。寺の沿革は不詳とされていますが、堂舎については永禄年間（1558年〜1570年）に当地へ移築されてきたものと伝えられ、

寺の再建寄進附けの扁額によれば、明治11年（1878）に再建されています。

本堂には、平安中期の本尊・阿弥陀如来座像（県指定）や、境内に立つ弘安8年（1285年）の銘のある石造九重塔（市指定）などに、歴史の一端をうかがうことができます。

また、本堂の南西に建つ庫裏（国登録有形文化財）は、鬼瓦に宝暦11年（1761年）の銘があって、江戸後期の建立と推定され、格式が高く、当地方における江戸期の建物の一例として貴重なものであるとともに、高野山塔頭寺院の里坊であった可能性があるとされます。

五軒畑と鉢伏井戸

定福寺から国城山の東を越える峠道は、明神ヶ田和まで市道が整備されていますが、大きく迂回する市道のカーブをショートカットするように、または並行するなどして古道が五軒畑集落、弘法井戸のある鉢伏集落をつなぎ明神ヶ田和の峠に至ります。

定福寺からの急坂を道標に従って登ると、五軒畑の見晴らしの良い道沿いに石仏二体が祀られている祠があります。

祠に祀られているのは西国三十三所の観音石像(図表77参照)で、文政13年(1830年)に清水村の3名と村々の庄屋から興山寺(現高野山金剛峯寺)への願い出によりされ設置されたもので、弘法大師二十一ヶ所の石像と合わせて祀られています。定福寺からの黒河道沿いでは、五軒畑に2か所と鉢伏井戸、明神ヶ田和に祠があります。

鉢伏井戸には、観音石像を祀る祠があるとともに井戸の背部に弘法大師の石像が祀られ大師の加持水と伝わります。

【図表77　五軒畑の岩掛観音】

清水の湧く井戸は、街道を行く人々の喉を潤し、旱魃の際に鉢伏村の人々が飲料水を求めに来たとのことですが、昭和36年（1961年）の第2室戸台風により背後の

杉の大木が倒れて井戸水が涸れてしまったとのことでした。

平成26年（2014年）に有志17名による井戸の土砂を取り除くなどの清掃で、およそ50年ぶりに清水が湧き出して、かつての鉢伏井戸の面影が復活しています（図表78参照）。

【図表78　鉢伏井戸】

明神ヶ田和と国城山

明神ヶ田和は、国城山の東にある峠で、『伊都郡学文路村誌』では「一般には明星ヶ田和と呼び記すけれども、正しくは明神ヶ彎といふべきである」としています。

国城山については、「織田信長高野攻めの時山徒此所に陣して其の軍に備えた所である」と、天正9年（1581年）に織田方が高野山の七口を塞いだのに対して、高野山側は七口の防戦に当たるために陣を布いた要害としています。

『国城山嶺之由緒』に「本能寺の変あり信長殺害せられしにより神領國城山上に血を見さりしは幸甚の至りなり」とあり、国城山の西にある茂原城での戦いの後、織田軍の本能寺の変による撤退について語っています。

なお、国城山の名称について橋本市史編纂室によれば、［高野領の境地を守備する柵を設けた地であることに由来すると仮定して論及したい。ゆえに以前の山の呼称は明神山、灯焚山などを想定する。その論拠の1つに「明神ヶ彎」を「明星ヶ田和」と呼称していたこと。修行者の修法による「明星」と山頂に祀る「明神」とが時代とともに混同されたものと推定する］としています。また、明神ヶ田和は、豊臣秀吉が高野参詣の帰途の折に越えた峠ともされています。

わらん谷と青淵

明神ヶ田和の峠を斜め左に進むと、林道が青淵集落付近で舗装路となりま

すが、集落手前の未整備区間に古道が残っています。青淵集落からつづら折りの坂道を下り県道と合流後に丹生川を渡ります。

一方、峠から直進して急な坂道を下りますとわらん谷（藁谷・蕨谷）(図表79参照)であり、坂を下りきったところにある周辺集落の旧水源地まで簡易舗装路が続いています。

【図表79　わらん谷（赤石附近）】

その区間、古道はなかば消滅してしまっていますが、簡易水道の旧取水施設を過ぎると地道となり、谷沿いにいくつか架かる木橋を渡っていくと、見過ごしがちですが右下に小さな滝を見ることができます。その後、谷沿いの道を左側から半ば塞ぐような巨岩の赤石を経て県道に至ります。

なお、豊臣秀吉の高野参詣の帰途の折は、わらん谷を通り明神ヶ田和を越えたとされています。

太閤の馬渡しと沓場

県道宿九度山線の車道と合流してからは、丹生川を渡るために町道の市平橋を渡り市平集落へ向かいますが、少し上流に吊り橋の上市平橋跡があり、その北詰に地蔵菩薩と弘法大師の石像が祀られて「為往来安全」の文字が刻まれています。

上市平橋が撤去されるまでは、吊り橋を渡り市平集落までのつづら折りで急坂の簡易舗装路を登っていましたが、その上市平橋が架けられるまでの古道が別ルートとしてあり、西側の川下で浅瀬のところから市平集落の少し手前までに古道が残存しています。

この浅瀬あたりは、豊臣秀吉が高野山の帰途に馬で渡河した「太閤の馬渡し」(図表80参照)で間違いないかと思うのですが、もはや地域では残念ながら語り継がれていないようです。

しかしながら、馬の沓を履き替えたといわれる「沓場」が、丹生川円通寺

所蔵の丹生川村の字図上で「クツバト云(ウ)」と書かれた土地を見つけることができたため、周辺の土地などから丹生川の北側にあったことが推定できます。

市平の桂の大木と太閤坂

市平集落から柿畑の中へと進むと、大師堂と観音堂のある観音寺跡があります。そこから西側に進みますと、春日社の御神木である桂の大木がそびえ立っています。

明治12年の記録では、春日社の背後に幹回り約3mの桂の木2本とその周囲に幹回り約30cmから5mの桂の木が16本あったされています。しかし、それ以降に御神木1本だけを残して切ってしまったようです。

【図表80 太閤の馬渡し付近】

【図表81 市平春日社 桂の木】

近年の調査では、高さ約35m、胸高直径1m10cm、根回り約8mあり、根元より約3mから直立の主幹が2本に分かれてそびえ立つとしています。

気候変動の影響で年々時期が早まってきているようですが、3月中旬から4月にかけての芽吹きで、桂の木全体が赤色に染まり、遠くから見ても本当に見事です(図表81参照)。

市平からつづら折りの坂道を登り林道に合流するまでには、見過ごしがちですが、地蔵石仏や小さな社が祀られています。

林道と交差してからは、戦場山東側中腹を迂回してほぼ水平に行く道と林道終点近くから戦場山を越える道とに分岐しますが、「太閤の馬渡し」から前者の道に至る坂道は、豊臣秀吉が高野山の帰途に馬で駆け降りた「太閤坂」と伝えられています。

太閤坂は、美砂子谷を跨ぎ、姉子谷の上部で戦場山越えの道と再び合流して、久保田和の「古札場の辻」に至ります。

久保田和と茶堂

　久保田和の旧久保小学校（現：くどやま森の童話館）手前には、正面に観音菩薩と弘法大師が彫られた道標石が祠の中に祀られています(図表82参照)。「右こうや　左　まにん　道」の文字が左側面に、「往来安全」の文字が台座正面に刻まれています。「右こうや」に従って旧久保小学校正面から南方向に行けば、地蔵石仏を祀る粉撞峠へと向かう高野山への道です。

【図表82　久保田和の石仏】

【図表83　茶堂跡】

　道沿いには、茶堂跡をはじめ通称大黒岩、室町期からの五輪塔残欠群がある高野豆腐製造所跡などが点在します。

　茶堂(図表83参照)は、かつて高野参詣者への接待所であって、「法師田和茶所」と彫られた弘法大師像の版木や鉄製の茶釜があり、お札(図表84参照)を刷ってお茶を出す接待が行われていました。

　享和元年（1801年）の弘法大師の石像には、「是ヨリ奥院へ三十六丁二間半」と刻まれて奥之院までの距離を案内しています。現在、茶堂跡には小堂が建ち、茶堂の建物跡の礎石があります。

　かつて絵図などに描かれた松の大木は倒木となって

【図表84　茶堂のお札】

いますが、「松休場」当時の面影を残しています。

高野豆腐製造所跡と五輪塔の残欠群の謎

なだらかな道からしばらくすると、何度か休憩が必要となるような登り坂となります。右側に弘法大師の足跡があると地域の方に教えていただいた大黒岩（図表85参照)を過ぎると雪池山（921.2m）山頂からの尾根つたいに高野豆腐製造所跡(図表86参照）があります。

明治・大正時代の頃からと思われますが、山麓の学文路から大豆を牛の背に乗せて運んできて、高野豆腐がつくられていたと伝わります。今は、山中にある平坦な場所に、コンクリートの水槽や大きめの石臼と瀬戸物の破片などがあることによって当時の面影が残っています。

高野豆腐をつくられていた方の家を山麓の学文路までお伺いして話しをすると、初老のH氏から「祖父に高野豆腐をつくっていた話を聞いたことがあったが本当だったのか」と感動されていました。

高野豆腐製造所跡には、いくつもの五輪塔地輪部分が埋もれていました(図表87参照）。地輪の正面に銘文があり、古いものに応永4年（1397年）、

【図表85　大黒岩（大師足跡)】

【図表86　高野豆腐製造所跡】

【図表87　五輪塔の残欠群】

嘉吉3年（1443年）などの造立年が刻まれています。

別名銅嶽（あかがねだけ）といわれる雪池山の山頂近くに、なぜ五輪塔の残欠がいくつもあるのか不思議ですが、丹生川村に残る『紀伊国　玉川の四十八怪巌奇石名勝の和歌古今集』の和歌の中に「やがて明け行く銅（あかがね）の墓」とあります。銅嶽といわれる雪池山近くに墓所があったとすれば、和歌にある「銅の墓」は高野豆腐製造所跡の五輪塔残欠群を指すのかも知れません。

粉撞峠から黒河口女人堂跡

つづら折りの坂道を登り切れば、雪池山の尾根筋に至り、東郷（ひがしごう）集落へ下る分岐点で眺望が開けてきます。

天気の良い日には、和泉山脈の先に大阪平野南部の街並みを望めることがあります。

雪池山の西側で、やや平坦な道となりますが、粉撞峠までの国有林内に道幅の狭小な箇所があるため、歩行に注意が必要です。

粉撞峠に至ると地蔵石仏を祀る小祠と石の道標が並び（図表88参照）、峠を下る山道は高野山を周回する女人道・高野三山の道とほぼ重なりますが、転軸山には登らずに巨木が聳える一本杉（図表89参照）から高野町役場手前の黒河口女人堂跡に至ります。

【図表88　粉撞峠の地蔵】

【図表89　一本杉】

転軸山麓から黒河口女人堂跡までの区間は、車道と住宅地の中などにあって、古道の特定が困難となっているため、誘導案内板が設置された舗装路を通行します。

久保田和から黒河谷

久保田和の道標石に刻まれている「右こうや　左まにん　道」の「左まにん」に従って旧久保小学校（現：くどやま森の童話館）手前を左に東方向へ進み、黒河谷を仏谷川沿いに黒河林道により遡れば、旧仏谷村または旧平村（たいらむら）から旧摩尼村（まにむら）への道があります。

【図表90　弘法大師石像の道標】

黒河林道終点近くの旧黒河村にあった愛染寺（あいぜんじ）や阿弥陀堂などは、平坦地がある以外に痕跡を残していませんが、道沿いにいくつかある祠の中には、弘法大師の石像や地蔵石仏が祀られています(図表90 参照)。

文政12年（1829年）に彫られた弘法大師石像の台座正面には「右　加（うや）左　ま（に）」と刻まれていますが、それぞれ下部の文字が読めなくなっています。かつて黒河村の山側にあった平集落から移されてきたもので、高野山と摩尼村への分岐にあったため、今は道標としての意味は失せています。

黒河林道の終点から「ひうら坂」を登り雪池山（銅嶽）の南にある黒川（河）峠から粉撞峠に至る山道が、古絵図・文献によれば本来の黒河道となります。

ひうら坂は、雪池山（銅嶽）の東側を登る坂道ですが、荒廃の著しい箇所があって通行不能となっています。

黒河谷から高野山

「ひうら坂」を通らず、黒河林道終点から旧平村を経て楊柳山の東側で、現在黒河峠と呼ばれている桜峠（さくらとうげ）（黒子辻（くろこつじ））を越え奥之院裏に至る道は、「黒河道」としてハイキングルートなどで紹介されています。そして、ガイドブックなどでは、桜峠を平集落跡の上にある旧摩尼村への分岐点とされています。

しかし、この道は、高野山絵図や『紀伊続風土記』の記述では、「佛谷道（ほとけだにみち）」となっていることから、「ひうら坂」がほとんど通行されなくなった後、「黒河道」と呼ばれることとなり現在に至っているものと思われます。

いずれにしても、石垣の残る平集落跡の沢沿いと植林された山中にある道

は奥之院に至る最短ルートでもあることから、江戸期にはよく利用されていたようです。このことは、道沿いにあったとされる弘法大師像石像の道標や観音石仏が祀られた祠などによりうかがうことができます。

黒河道は、野平集落近くに「右　おくのゐん」と刻まれた地蔵石仏の道標があることから、高野山麓の集落から奥之院へ向かう納骨(のうこつ)の道でもありました。

② 豊臣秀吉の高野参詣と黒河道

文禄3年（1594年）3月3日、豊臣秀吉は、亡母大政所の三回忌追善供養のために、吉野から高野山を訪れていることが豊臣秀次の祐筆(ゆうひつ)で秀次と秀吉の動静を詳しく伝える駒井重勝(こまいしげかつ)の『駒井日記(こまいにっき)』3月4日の条に記録されています。

秀吉と高野参詣を共にしたのは、応其上人が催した連歌会に名を連ねた聖護院道澄(しょうごいんどうちょう)、今出川晴季(いまでがわはるすえ)、織田信雄(おだのぶかつ)、里村紹巴(さとむらじょうは)、徳川家康(とくがわいえやす)、細川幽斎(ほそかわゆうさい)、中山親綱(なかやまちかつな)、日野輝資(ひのてるすけ)、前田利家(まえだとしいえ)、蒲生氏郷(がもううじさと)、佐川田昌叱(さがわたしょうひつ)、施薬院全宗(せやくいんぜんそう)、飛鳥井雅枝(あすかいまさえだ)、大村由己(おおむらゆうこ)、高倉永孝(たかくらながたか)、伊達政宗(だてまさむね)、山中長俊(やまなかながとし)ら著名な公家、大名と秀吉の祐筆、医師や当時一流の連歌師(れんがし)達でした。

また、『駒井日記』3月6日の条には、3月5日に能が興行されたとあり、その日の未刻(ひつじのこく)（午後1時～3時頃）に兵庫之寺(ひょうごのてら)（橋本市の利生護国寺(りしょうごこくじ)）に下山しています。

このときの様子に関して、儒学者小瀬甫庵(おぜほあん)による『太閤記』高野詣之事(こうやもうでのこと)の概略を巻末の参考文献をもとに抜粋して以下に記載します。

〔四日の夜、このたび新作の謡曲五番を演じて高野山の衆徒らに見せて学問の労をねぎらいたいのでその旨を演者たちに告げるようにと秀吉公がいわれた。木下半介がこれを受けたまわり、金春大夫(こんぱる)その他の演者たちに申し渡したので五日の未明より青巖寺（現金剛峯寺）の門前に参集した。

当日は一天に雲なく四方に風もなくして本当に穏やで、演者たちが舞台に着座して華やかに映えた様相であった。高野山の衆徒ら皆は能の珍しさに老若押し合い、門の外より内に入ろうと、せきあう有様は見苦しいことであった。笛の音律を整える音が響くと衆徒らは静まり返り、能が始まると期待以

上の出来ばえで、袖の振りようなども大らかで物慣れた舞いぶりであったので、衆徒ら皆すっかり興さめのていであった。

　そもそも高野山は昔より、笛太鼓、鼓などは大師の禁制にして奏でられることはなかったのである。高野詣でという新作の謡曲が舞われるころより空の様子がいささかおかしくなってきて、北西の方より一団の黒雲が広がり出てきた。見る間に、天地がにわかに震動し雷がおびただしく鳴り出して、疾風と横なぐりの大雨となり、皆、肝はつぶされて、これはこれはとお互いに目を見合せ息はずみ身の毛もよだって恐れはててしまった。秀吉公も若いころより、高野山の禁制についてご存知であったけれども、このような事は各地でおおげさに伝えられて、実際はそのような事はないと思われて仕舞を演じなされたが、このような霊験があって驚き急いで下山して兵庫の寺（橋本市の利生護国寺）に宿泊された。秀吉公は、弘法大師はこの世にありし時、剛気で徳の厚かりし方であったに違いない。このたびは高野山に対し十分な寄進を尽したので嬉しく思われているであろうに、今日の雷電などは、思いのほかことであり、霊験さすがであると感嘆された〕（図表91参照）。

【図表91　「秀吉禁を破り、青巌寺で能を興行する、雷電俄かに鳴りとどろき、武士等驚き恐れて退散する」（野山名霊集）】

すべてが事実であったかは別として、同様のことが『紀伊続風土記』、『紀伊国名所図会』、『室町殿日記』、『高野春秋編年輯録』、『野山名霊集』などにおいて、若干の内容に違いがありますが記述されています。

高野参詣の下山路

　豊臣秀吉の高野山からの帰途について、『太閤記』では兵庫之寺までの経路が記載されていませんが、『紀伊国名所図会』にある『文禄雑記』の引用文には、能の興行中に天候が急変して「太閤も千手院谷の山道を、單騎にて兵庫まで遽れ下り給う」とあります。

　『高野春秋編年輯録』でも同様ですが、『紀伊続風土記』の［青巌寺］の項では「此を今に太閤道といふ」、［領内街道］の項では「豊太閤下山の時千手院口銅嶽の北より久保村市平村を經て丹生川を越え（わ）らん谷を經て明星が彎を越え紀の川を渡りて橋本町に出しといふ是山路の間道なり」、［北又郷］の項では「豊太閤下山の時高野六時鐘千手院口より黒川峠の西に出て銅嶽の北より久保村に出市平村より丹生川を越江わらん谷を歴て明星が田和といふ峠を越江橋本川を渡られしといふ」と付け加えられています。

　黒河道は、高野山から橋本への最短コースであり、「太閤道」と呼ばれていた豊臣秀吉の下山路で、久保から市平への坂道に「太閤坂」という地名が残されています。しかし、近年まで丹生川を馬で渡った浅瀬を「太閤の馬渡し」、浅瀬を渡った後の馬の沓を履き替えた場所を「沓場」として太閤ゆかりの地名が伝わっていましたが、現在、地域の方でそれを語る人がいなくなっています。

　そのため、「太閤の馬渡し」については、丹生川に吊り橋が架かる以前にあった古道の位置から浅瀬を推定し、また「沓場」については丹生川円通寺所蔵の丹生川村字図に「クツバト云（ウ）」と書かれた土地を見つけることができたため、周辺の土地などから推定することができました。

　豊臣秀吉らを高野山に迎えた応其上人ゆかりの地である橋本への最短ルートであることに加えて、太閤秀吉ゆかりの地名がいくつも残されている「太閤道」は、文字どおり豊臣秀吉高野参詣後の下山路であったのではないでしょうか。

③　太閤能『高野参詣』

　豊臣秀吉の高野参詣で演じられた謡曲は、『太閤記』では「今度出来侍る新謡五番」とあって新作の謡曲となっていますが、『駒井日記』によれば《老松》、《井筒》、《皇帝》、《松風》の四番であって新作でなかったこととなります。しかし、『太閤記』では《高野詣》(《高野参詣》)が演じられたこととなっていますので、『駒井日記』にある四番のあとに新作の《高野参詣》が演じられたと考えられています。

　この謡曲《高野参詣》は、太閤秀吉の母大政所三回忌の法要が行われる高野山を舞台としています。

　巻末の参考文献をもとに概略を次に記載します。

　〔家臣とその従者が、大政所の三回忌供養のために高野山へ太閤秀吉の供をして、青巌寺位牌所(現金剛峯寺)に到着します。そこに老尼が登場して、死後も子を思う故に魂は高野の地に残っており、花の匂いやウグイスの声に引かれて現れたと謡います。家臣は、高野山は女人禁制のはずだと不審を述べると、老尼はこの山が浮世の罪科を許してくれるので女人でも構わないと応え、請われるままに、弘法大師が高野を開山した由来と上人の伽藍造営、奥の院の静謐な様を語ります。さらに、老尼は、天下を治める雲上人が登山したので、その「孝行の道」に引かれて現れたことを告げ、自分が大政所であるとほのめかして消えます。家臣は高野山の衆徒に大政所の弔いを命じてともに菩提を弔うと、大政所が歌舞の菩薩の姿で現れ、このように菩薩となれたのも秀吉の「孝行の道」のおかげであると感謝し、昔、釈迦が説法した折に、迦葉尊者が舞ったように舞います。すると、高野山に三十七尊が影向し、さながら釈迦が説法している有様となり、秀吉の齢が万歳と続くのも「孝行の道」によるものだと、秀吉の長久を讃えて終わります〕。

　謡曲《高野参詣》は、豊臣秀吉が自身の事績を題材としてつくらせた「豊公能」と呼ばれる新作能十番のうちの1つとされています。

　豊公能十番は、秀吉の祐筆で和歌・連歌などにも通じ『天正記』の作者として知られる大村由己の作詞で、金春座の大夫で新作能の演者でもあった金春安照が節付け・型付けをしています。

　豊公能十番のうち《高野参詣》以外で現在に伝わっていますのが《吉野詣》、

《明智討》、《柴田》、《北条》がありましたが、近年《この花》の台本が発見されています。

豊公能は、時代が徳川政権に移ってからは演じられなくなってしまいましたが、現代になって《高野参詣》以外は復曲され演じられるなどしています。

《高野参詣》も復曲されて現代によみがえればと思いますが、謡本は「他に類を見ない」といわれるほど豪華なものが残されています。

謡本は、巻子装(かんすそう)と呼ばれる巻物一軸ですが、平成27年(2015年)和歌山県立博物館発行の『高野山開創1200年特別展「弘法大師と高野参詣」』の資料解説には、〔表紙は紺地に金襴(きんらん)で牡丹唐草模様が施された古裂(こぎれ)を、軸には水晶が用いられる。料紙は鳥の子紙一二紙を貼り継ぎ、全面に金の切箔を散らし銀泥で界線が引かれる。料紙の裏にも金銀泥・砂子・切箔などを施す。非常に豪華に装飾された謡本である。奥書にある「豊臣」の印も特徴的〕とあります。

題箋(だいせん)は後陽成天皇の宸筆(ごようぜいてんのうのしんぴつ)、本文は能書家で知られた聖護院道澄筆で「文禄三年三月五日」の日付にかけて「豊臣」の金印が押されています。当時、秀吉から応其上人に与えられたものですが、時代は移り、現在は前田育徳会尊敬閣文庫に所蔵されています。

3　粉撞峠の地蔵石仏

粉撞峠

黒河口の千手院谷は、壇上伽藍の北東にあって、いわゆる丑寅(うしとら)の方角で鬼門に当たります。そのため、『紀伊続風土記』によれば、千手院谷の千手堂には伽藍の鬼門擁護のため千手観音像を、不動堂には壇場の鬼門守護のため弘法大師伝説のある合體不動尊を祀っているとしています。

高野山の外周にあるとされた結界線上にあって、千手堂と不動堂のある千手院谷のさらに北東の方角にあるのが粉撞峠で、『紀伊続風土記』では「粉搗堂なるあり（中略）今は廃す」とあります。現在、粉撞峠には祠があり地蔵石仏が祀られています(図表92参照)が、子継地蔵と呼ばれて子供が授

かることを願って厚く信仰されていることがたくさんの赤いよだれかけで想像できます。

旧久保小学校の女性の先生が子授けの願をかけて久保から月参りのために粉撞峠までの道を通われたといった話が『久保小学校創立百周年記念誌』の回顧録に寄稿されています。

平成23年の調査によって、地蔵石仏に彫られた文字(図表93参照)から「永正9年壬申(1512)8月22日」の造立年月日と「検校重任」の造立者名が浮かび上がってきました。また、永正の年号の上に3つの文字が刻まれていましたが当初は解読できませんでした。3つの文字を、例えば一文字目は「香」、二文字目は「春」、三文字目は「柴」のように読まれるなどしましたが三文字通じての意味が判明しません。

そこで、ふと頭をよぎったのは『九度山町史』の論文編で紹介されている黒河村に残る粉継地蔵の言い伝えでした。

【図表92　粉撞峠の地蔵石仏】

【図表93　粉撞峠の地蔵石仏拓本】

「女性の場合は、女人禁制当時　粉継の地蔵まで野菜を持っていき　高野山からの迎えの人に渡し　奥の院の線香の灰をもらって帰り野菜畑等に撒いたので大変良い作物ができたようです」とあって、「粉継」は線香の灰を引き継いだ意味があるとすれば、一文字目は「香」でよいのではと考えまし

た。そして、二文字目は「春」ではなく臼に入れて「つく」といった意味の漢字「舂」であれば「香舂」と読めます。それであれば三文字目は「柴」ではなく、山という文字をくずしていますが、「峠(山へんに上下)」とも読めます。したがって、三文字を通すと「香舂峠」となって、峠名が浮かび上がってきました。

　造立者の「検校重任」は、千手院谷にあった曼荼羅院の院主であって、永正6年から4年間にわたり金剛峯寺の座主を務め、その最後の年の夏に地蔵石仏を造立しています。なお、金剛峯寺座主が造立した石造物は鎌倉時代の高野山町石などに若干あるようですが、あまり例がないということです。

　一般に、街道沿いなどにあった地蔵石仏は、時代とともに道が拡張されたり廃道同然となった場合、移動され運び出されるなどにより、以前からその場所にあったのかを証明することが難しくなったりします。しかし、粉撞峠の地蔵石仏は、造立年、造立者や峠名が刻まれていることから造立当初よりおよそ500年に及ぶ年月その場所にあり、高野山の鬼門を守護し続けるとともに豊臣秀吉をはじめ黒河道を行く人々を見守ってきたこととなります。

　粉撞峠の地蔵石仏は、全国的に見ても極めて重要な石造物といえることから平成23年11月に全国各紙などでも報道されて石造物関係者のみならず広く一般にも知られるようになりました。

4　雑事登りの復活

雑事登りの風習

　御番雑事（御判雑事）とも呼ばれる「雑事登り」は、古くから高野山周辺の村々にあった風習であり、村々から高野山の弘法大師に収穫物をお供えするため登山しましたが、今はほとんど絶えてしまっています。

　『紀伊国名所図会』には、「四方の麓の村々より四時の野菜なにくれとなくとり集めて、おのがさまざま苞にひきゆひ、小附けの花の色香さへ、われ劣らじと、暑寒を厭わず、かの険峻しき山路を攀ぢて大師の廟前に捧げ、帰依の寺院に贈るを雑事登りといふ」とあって、各家から季節の野菜、果物などを集めて高野山奥の院の弘法大師に供え、また、各村と関係する高野山の寺

院に運びました。

野菜や果物などを入れた竹籠は金剛峯寺からいただいた大小のもので、「おいこ」という担い棒で前後に吊るして高野山への道を登ります(図表94参照)。

そして、金剛峯寺、奥の院、関係寺院などで「御番帳」、「雑事通帳」(図表95参照)などといった帳面に領収印が押されるなどしたものが近年まで「雑事登り」が続けられてきた村々に記録として残されています。

一方、黒河道沿いにあるかつての高野山領の村々から「雑事登り」を再現しようという動きが高野山開創1200百年(2015年)などを契機としてあり、黒河道を高野山まで歩いて野菜や果物などを運ぶ「雑事登り」が実施されています(図表96、97参照)。

一般参加できるイベントなどもありますので、峠越えを重ねる健脚向きのたいへん険しいコースですが、かつての「雑事登り」をたくさんの方に実際に体験していただきたいものです。

【図表94 「おいこ」と竹籠】

【図表95 中嶋大師講御番帳と道結帳】

雑事登りウオークの概要

雑事登りウオーク(トレッキング)は、高野山開創1200年(2015年)

を機に、高野山周辺の村々で行われていた習俗「雑事登り（地元で採れた野菜、果物、花などを奥之院にお供えする高野参詣登山）」を橋本から高野山への参詣道黒河道で復活させ、参加者だけでなく地域ぐるみのイベントとすることによって、黒河道の世界遺産追加登録に向けての機運を盛り上げるために平成27年（2015年）の春・秋に実施されました。

【図表96　雑事登りウォーク】

【図表97　雑事登り奉納（奥の院御供所）】

平成28年（2016年）10月の世界遺産追加登録後も、毎年秋に継続して実施されているウオーク（トレッキング）は、橋本から峠越えを重ねて高野山に向かう、行程約19㎞、標高差約850m、道幅が狭いなど歩行に注意を要する箇所がある健脚向きのコースとなっています（図表96参照）。

高野山では、奥之院参道を歩き御廟橋の手前にある御供所（ごくしょ）（図表97参照）で1200年にわたって生身供（しょうじんく）というお勤めをされている奥之院維那（ゆいな）と呼ばれる僧侶あてに参加者約100人（希望者）により奉納を行います。なお、御供所には普段、金剛峯寺関係者以外入室できないため特別に許可をいただきます。

奥之院御廟では今も弘法大師空海が金剛定（こんごうじょう）に入っているとされ、生身供とは、1日2回（午前6時、午前10時30分）、弘法大師に御膳を運ぶ儀式で、雑事登りで運ばれた野菜、果物などを食材としていただきます。

なお、山麓の橋本から高野山まで野菜、果物、花などを入れた背負子6個（図表96参照）を運ぶ大役をこれまでに果たしていただいたのは、高野山高校野球部、橋本高校山岳部の生徒達です。

第6章
大峰口・大滝口・相浦口・龍神口

役行者像の道標石

1 大峰口の高野参詣道

大峰口の特徴

　大峰口は、蓮華谷口、野川口、東口、大和口、摩尼口などとも呼ばれ、大峰道、荒神道などが天狗木峠近くで合流して、高野山の蓮華谷または奥之院の近くの東谷に至ります。また、奥之院御廟の東側で摩尼山の南尾根の摩尼峠(奥之院峠)を越える道が、東谷または奥之院御廟の裏側に至ります。

　吉野・大峰から奈良県境の天狗木峠を越えて、桜峠から高野山内または奥之院に至る大峰道は、『紀伊国名所図会』では、「俗此道筋を七度半道といふ。一度此道より登詣すれば、功徳七度半にあたるぞ」と、吉野・大峰と高野山という2つの霊場を結ぶ道として、その霊験功徳が大であるとしています。

　天狗木峠附近では、高野山と立里荒神社とを結ぶ荒神道とに分岐します。大峰道沿いには、野川弁財天をはじめ、弘法大師空海にちなむ伝説がいくつも残され、かつて修験者や巡礼者の往来で賑わいがあった道沿いには、役行者を浮彫りした道標石なども点在しています(図表98参照)。また、高野山からの荒神道沿いにも、荒神社までの距離を刻んだ道標石がいくつか残されています。

　近年、山林修行者の歩いた道として、吉野から高野山に至る「弘法大師の道」のルートが、「弘法大師　吉野・高野の道プロジェクト」の実行委員会によって整備されました。そのルートは、

【図表98　役行者像の道標石】

主に尾根筋を通りますが、大峰道は高野山と吉野・大峰の間の主に川筋の集落を結ぶ街道となっています。しかしながら、この街道は、いくつかの峠越えや山間の集落を通り難所も少なくはありません。

　『紀伊続風土記』の［道路］の項に、「大峯道圯橋の東にて右路

は奠供木峠に至り左路は摩尼庄へ至る」とありますが、大峰口からの右路は桜峠近くまで車道や住宅地内などにあってなかば消滅しています。左路については、国道371号の舗装路から分岐して、隧道上で摩尼峠からの道と尾根筋で繋がります。

① 大峰道を歩く

　大峰道は、大峰・洞川(どろかわ)から山上川、天ノ川、中原川などの川筋の集落を繋いだ街道ルートが、奈良と和歌山の県境にある天狗木峠近くで、尾根筋を通るとされる修験道ルートであって、立里荒神社と高野山を結ぶ荒神道などと合流して高野山・奥之院に至ります。

　吉野から高野山までを歩くには、通常では3日、洞川からは2日を要しますので、1日で歩ける小代下(こだいした)から高野山・奥之院までの行程とします。

　小代下までは、JR和歌山線五条駅前にある奈良交通バス「五条駅のりば」から「十津川温泉」行きに乗車して約1時間かかります。ただし、バスの本数が限られていますので、事前に確認するなどの注意を要します。

　小代下バス停を下車して、猿谷貯水池に架かる中原橋を渡り、車道から離れて左のフェンス沿いの細い道から急な石段を登れば、車道との交差に祠があり、地蔵石仏が祀られています。

　杉林の中を苔むした車道、さらに地道を登り切れば中原集落（図表99参照）に至り、中原安楽寺から車道を下り、再び中原川沿いの県道に合流します。中原安楽寺からの車道を下らずに県道に沿った古道を歩くことができますが、現時点では案内人の同行によることが必要と思われます。

【図表99　中原集落】

　県道沿いに架かる野迫川大橋(のせがわ)を過ぎて坂道を下りだすと、今井集落が見えてきます。中原川に架かる今井橋を渡るか、橋の手前で階段を降りてから川沿いの道を戻って旧の橋を渡ります。地蔵石仏が祀られている中原川の北岸から道

1　大峰口の高野参詣道　101

標に従って急な坂道を階段で上がると、街道は県道と並行して今井集落の中を西に続きます。

今井高福寺には、野迫川村唯一の国指定重要文化財「木造阿弥陀如来立像」など平安時代中期・後期の仏像2体があることから、大峰道沿いにある今井集落の歴史の一端を感じさせられます。

街道が、旧道から県道となって、野川弁財天社の先には公園を挟んで高野豆腐伝承館（図表100参照）があります。公園には、大峰道では数少ない公衆トイレがありますので、昼食休憩に適しています。

県道沿いには、柞原、中、上などの集落が点在し、車道から天狗木峠への上り坂となる分岐へは野迫川村役場方面に南進します。分岐には、「高野大峯歴史街道」の石柱（図表101参照）が立ち、地道の急な登り坂で天狗木峠に至ります。

天狗木峠には、役の行者像の道標石があり、立里荒神社へと高野山への舗装路および中原川沿いの県道につながる下りの車道とが分岐します。

高野山へ向かう舗装路の山側には、立里荒神社への荒神道の地道が車道に沿ってあり、道標石がいくつか立っていますが、荒廃しています。かつて宿があったという桜峠で、車道と摩尼峠に向かう尾根筋の道が分岐します。山道は、国道371号線の隧道上を過ぎ、地蔵石仏が横たわる「こうしん道」の道標石近くで高野三山への道につながります。

桜峠から車道を下れば、桜峠バス停を経由して、奥之院近くにあ

【図表100　高野豆腐伝承館】

【図表101　高野大峯歴史街道の石柱】

る中の橋駐車場の先で奥の院前バス停に至ります。中の橋駐車場の奥にある御殿川(おどかわ)沿いには大峰口跡があり、大峰道は女人道へと続いています。

② 弘法大師空海と大峰道

　弘法大師空海の青年時代、既に高野山の存在を知り得て訪れていたことが、嵯峨天皇への高野山下賜を願う上表文(じょうひょうぶん)『紀伊の國伊都の郡高野の峯に於て入定の處を請乞わるる表』から推測されています。「空海、少年の日好んで山水を渉覧して、吉野より南に行くこと一日、更に西に向かって去ること両日程にして平原の幽地有り、名づけて高野と曰う」とあり、吉野から高野山への道が高野七口の中では早くから開けていたものとされています。

　『金剛峯寺建立修行縁起』では、弘法大師空海が高野山開創の折、「山門辰巳に開けたり」とあります。このことから高野山に出入りするために、辰巳(たつみ)(南東)方面の出入口が最初に設けられたこととなります。

　高野山の壇上伽藍から南東の方角に設けられた出入口に当たるのが大峰口とすれば、東方向にあった東谷の制札場付近であるというよりは、南東方向にある蓮華谷の弥勒峠五大尊堂付近となります。

　『紀伊続風土記』に、「五大明王の尊軀斜に傾き給ひしを見る此尊は當山開闢の最初地鎮の為に高祖刻彫し給ふ所なり」とあります。弘法大師空海が、蓮華谷弥勒堂付近を最初の地鎮の場としたのは、はじめて高野山に足を一歩踏み入れた場所であったからではないでしょうか。

　蓮華谷の弥勒峠近くには、五大尊堂と女人堂として利用された山之堂が建ち、『紀伊続風土記』には、下乗橛が「五大堂の坤八町余、大和口大橋といふにあり」としています。五大尊堂の南西の八町(約 880 m)余りの大和口大橋に下乗橛が立てられていたことから、蓮華谷の弥勒峠から女人道を通り東谷の制札場へ至る経路とは別に、弥勒峠から真別所といわれる円通律寺近くの大和口大橋経由で天狗木峠に至る経路があったのではと思われます。

　江戸時代の正徳年間(1711 年～1716 年)頃に紀州流農業土木技術者の大畑才蔵(1642 年～1720 年)によって書かれた『高野登山絵図』には、蓮華谷の大峰口を「巳午野川口歩大峯より入」として、高野山からの方角は南南東で、その道筋は大峰道沿いの野川へ東谷の制札場を経由しないで(女人

道を通らず）描かれています。

　この道筋を確認できればよいのですが、現状は高野龍神スカイラインから分岐する円通律寺への車道や国有林内の林道が交錯するなどにより、古道の存在や経路を特定することは困難となっています。

2　大滝口の高野参詣道

大滝口の特徴

　大滝口は、熊野口、小田原口などとも呼ばれ、紀伊山地の山々を南北に高野山と熊野本宮という2つの霊場を結ぶ全長約70kmの山岳道で、熊野参詣道の中辺路、大辺路とともに小辺路とも呼ばれました。かつては、金剛峯寺近くの塗橋（ぬりばし）から山道を登り切った轆轤峠に女人堂が建ち制札が立てられていました。轆轤峠へは、現在、世界遺産に登録されている金剛三昧院の参道脇から分岐する道が案内されています。

　『紀伊国名所図会』の［轆轤峠］の項の挿図（図表102参照）に轆轤峠の様

【図表102　轆轤峠（『紀伊国名所図会』）】

子が描かれ、「高野山より熊野への往還なり　此峠より壇場の諸伽藍寺院とも眼下にみゆ　女人堂巡りをすればこのところに出るなり」との説明文があります。

　小辺路は、熊野本宮から高野山に連なる紀伊山地の山々を南北に結ぶ山岳道であって、高野山から熊野への参詣道であるとともに、奥州・関東などの東国や北陸からの参拝者の伊勢、熊野から高野山への道でもあります。また、十津川方面からは、高野道とも呼ばれる高野参詣道でもありました。大滝口のある轆轤峠からは、伯母子峠・三浦峠・果無峠と主に３つの峠を越えて熊野本宮に至ります。

　山々を通る街道沿いには、石畳や苔むした石仏など、昔の古道の雰囲気が色濃く残り、『紀伊国名所図会』の［登山七路　大瀧口］の項に熊野本宮から高野山に向けての街道の地名や行程が次のとおり詳しくあります。

　「八鬼尾谷　本宮より五十町　○七色茶屋　八鬼尾谷より四十町　○八町茶屋　二十四町　○はてなし峠　八町　○観音茶屋　八町　○柳本　七十二町　○石楠邊　八町　○矢倉　百町　○三浦峠　五十町　○寒野川　七十二町　○松平　十八町　○上西　三十六町　○からごや　七十二町　○大又　十八町　○水ヶ峰　七十二町　○大瀧　五十町　○高野山　五十町」として、「凡そ十五里にして高野に至る」とありますが、合計すると748町で20.8里となり80kmを超える行程となります。

① 小辺路を歩く

　小辺路は、熊野本宮からは果無峠・三浦峠・伯母子峠と主に３つの峠を越えて轆轤峠から高野山に至ります。

　熊野本宮から高野山までの行程を歩くには、通常では４日を要しますので、１日で歩ける野迫川村総合案内所前から高野山までの行程とします。

　バス停「野迫川村総合案内所前」までは、南海電気鉄道高野山駅前にある「高野山駅前のりば」から南海りんかんバス「護摩壇山」行きに乗車して約30分余りかかります。ただし、バスの本数が限られ季節運行となっていますので、事前に確認するなどの注意を要します。

　野迫川村総合案内所前バス停を下車し、少し車道を戻り、右折して、林道タイノ原線の急な坂道をしばらく上り下りしますと、左側に小辺路との合流

点がありますので、そこから高野山方向に向かいます。林道をしばらく歩き、峠に着くと、水ヶ峰集落跡（図表103参照）があります。昭和30年頃には8軒ほどの宿や茶店を営む家があったとされています。防風林であったと思われる杉の巨木が並び、屋敷跡と思われる平坦地と墓地によって当時の面影を残しています。

【図表103　水ヶ峰】

　水ヶ峰集落跡から高野龍神スカイラインに下るつづら折りの急な坂に古道が残り、合流後はしばらく車道を歩きます。スカイラインが大きな下りカーブとなる手前に大滝集落への分岐があり、道標に従って車道を離れてなだらかな下り坂の地道を歩きます。

　大滝集落に入れば東屋、ベンチ、トイレなどがありますので、昼休憩などに適しています。集落には、紀州の殿様に献上した名水と伝えられる「葵の井戸」があります。「馬殺し」と呼ばれた急坂の舗装路を下り、御殿川沿いに少し遡ると、『紀伊国名所図会』に描かれて大滝の地名の由来となった大瀧（図表104参照）の「雄滝・雌滝」へ30分程度時間に余裕があれば少し足を伸ばして立ち寄ることができます。

　「馬殺し」の急坂を下り御殿川に架かる橋を渡ると、「弁天坂」と呼ばれた登り坂となります。高野槙の植林を過ぎると山道となり、途中に弘法大師を浮き彫りした道標石が立っています。道標石の右側面に「是より　かうや山エ四十丁　くまの本宮エ十七里」と高野山と本宮への距離、左側面に高野山から大阪、奈良、和歌山への距離が刻まれています。

　薄峠からは、尾根筋の林道となり、真別所分岐から女人道と重なり、大滝口女人堂のあった轆轤峠に至ります。

　轆轤峠から簡易舗装された坂道を下れば、金剛三昧院への道を経て千手院バス停に着きます。また、坂道の途中で左に分岐する道を行くと、高野山小学校の前を経て、高野山大学正門前を通り塗橋に至り、近くには金剛峯寺前バス停があります。

【図表104　大瀧（『紀伊国名所図会』）】

② 女人くまの道と中橋家日次記（江戸時代の熊野参詣）

　不動坂口女人堂の脇には、地蔵石仏などが集められています（図表105参照）。大正時代の不動坂の改修や、高野山駅までのバス専用道路敷設などで道路敷きとなったところにあった石仏などが移されてきたものと思われます。

　それらの中で大きめの地蔵石仏に銘文があり、右に「為三宝謝徳乃至法界平等利益」、左に「自是女人くまの道」と刻まれています。また、右側面に「奉供養高野山三十三度参詣」、左側面に「施主　堺住人」とあります。

　この地蔵石仏は、堺の住人による高野山へ「三十三度」の参詣を記念したもの

【図表105　女人くまの道地蔵石仏】

であり、女性に対して熊野本宮への道を「女人くまの道」と案内しています。

　女人禁制のため、女性は高野山内に入れなかったことから、高野山の外周を歩かなければなりませんでした。そのため、不動坂から弁天岳に登り、大門を経て熊野辻から相浦口を経由して、大瀧口のある轆轤峠に至り小辺路によって熊野本宮へ向かいました。

　高野山絵図の説明文には、「女人堂よりだけ弁天大門よりろく禄峠女人くまの道すじ」とあり、女人堂〜弁天岳・大門〜轆轤峠の行程を女性の熊野本宮への「女人くまの道すじ」としています。このことは、女人道のうち不動坂口、大門口、相浦口、大滝口をつなぐ道筋を「女人くまの道」と呼んでいたこととなります。

　女性の熊野参詣について、高野山を経由して小辺路を歩いた記録が、高野山麓慈尊院村の中橋家文書日次記（日記）にあります。

　この日次記は、慈尊院政所の別当職を代々務めた中橋家の第28代中橋英元（1718年〜1785年）が、寛保4年（1744年）以降の日々を記録したもので、『改訂九度山町史別冊』に収録されています。

　熊野参詣に関する日記は、宝暦3年（1753年）4月7日から13日間で、熊野三山（本宮、新宮、那智）と西国三十三所観音巡礼の第一番青岸渡寺、第二番紀三井寺、第三番粉河寺などを参詣するほかに、道成寺や和歌浦などの名所を巡っています。

　熊野参詣の一行は、中橋英元と娘お品（13歳）、姪の恩賀家おまさ（12歳）、久太郎妹乙女、恩賀家下女の霜（ぬけ参）、供に兵七等とあり、女性4名には12、13歳の少女が含まれています。

　恩賀家下女の霜に「ぬけ参」とあります。伊勢参りで使用人が仕事から離れることなどに「抜け参り」といった言葉が使われていますが、ここでは熊野参詣や西国観音巡礼にも「ぬけ参り」といった言葉が使われています。

　熊野参詣の行程は、慈尊院を出発して大門から小辺路を歩き、八木尾谷から本宮へと本宮から新宮までは熊野川の川船に乗っています。那智山からは中辺路や紀伊路を歩き、和歌山を経て粉河経由で慈尊院までの行程に13日間をかけています。その中で、1日目の4月7日に「大門昼食水ヶ峰ニ宿ス」とあります。

慈尊院を早朝に出発したとしても、町石道を歩いたとすれば現在の歩行距離、歩行時間で19㎞、6時間近くかかります。高野山大門前で昼食として、さらに女人道を歩き小辺路により水ヶ峰の宿まで11㎞、3時間余りの山道を歩いています。通算しますと、昼食や休憩時間を入れて10時間から11時間を要しますので12、13歳の少女が含まれた熊野参詣の一行としてはかなりハードな行程です。

　不動坂口女人堂の地蔵石仏には、「自是女人くまの道」と刻まれているように町石道ではなく、前述しました「女人くまの道すぢ」に当たる不動坂ルート経由であれば約5㎞は短縮でき、1時間から2時間ほど早く到着します。

　それにしても、この熊野参詣の一行によるすべての日程が天候に恵まれることはなく、荒天の日もあります。山道を多く含む13日間のコースを、近年のウェアやウオーキングシューズのない"和服に足袋"といった装備で旅できたことに驚嘆します。この一行は、4日目の後半と5日目に熊野川の川舟に乗っていますので、足を休めることができたのでしょうか。

　2日目以降の主な日程についても、現在の歩行距離、歩行時間で見てみます。

　8日「上西ニ而昼食矢倉ニ宿」とあり、伯母子峠（1246ｍ）の先にある現在の上西家跡まで約17㎞、5時間余りの行程で昼食とし、その後三浦峠（1080ｍ）越え約17㎞で5時間余りの矢倉観音堂近くで宿泊しています。通算で34㎞の山道は、昼食や休憩時間を入れると11時間前後の行程です。

　9日「無終坂峠過テ坂中ノ茶屋昼食八木尾谷ゟ舟、本宮坂本八郎左衛門ニ宿、本宮拾弐社権現宮ヲ奉拝」とあり、果無峠（はてなしとうげ）（1114ｍ）越えの後、花折茶屋跡で昼食とすれば約15㎞、5時間余りの行程で昼食としています。八木尾（やぎお）には約6㎞、1時間30分の行程で、本宮まで熊野川を川舟に乗船して熊野本宮大社に参拝しています。

　10日「九里八丁乗船仕、新宮拾弐社権現宮ヲ奉拝ス宮崎ニ宿ス」とあり、本宮から熊野川を川舟で約37㎞を下り、熊野速玉大社に参拝してから海岸沿いの三輪崎（みわさき）で宿泊しています。

　熊野川の川舟は、2005年9月に熊野速玉大社横の川原に至る距離16㎞、約1時間30分の行程で「川の参詣道」として熊野川川舟センターにより復

活しています。ただし、川の渇水状況などで運行できないこともあり完全予約制となっているようです。

11日に「西国卅三所第一番観音様ヲ奉拝ス、次大霊拾十二社権現宮ヲ奉拝ス」と、那智の滝を見てから青岸渡寺及び那智大社を参拝して大雲取越え[おおぐもとりごえ]で小口[こぐち]に宿泊しています。

以降は、中辺路、紀伊路により、12日「請川昼食、湯峯で宿泊」、13日「湯川昼食、近露宿泊」、14日「汐見峠昼食、南部宿泊」、15日「上野昼食、道成寺参拝、原谷宿泊」、16日「参り峠昼食、日方宿泊」、17日「紀三井寺、和歌浦東照宮と天満宮参拝、和歌山昼食、加太宿泊」、18日「岩出昼食、粉河恩賀氏宅に宿泊」、19日「昼過ぎに皆無事に帰宅」としています。

3　相浦口の高野参詣道

相浦口の特徴

相浦口は、南谷に位置し地蔵堂と山之堂がありました。相浦道は相ノ浦集落から内護山[ないごやま]の東を経て笠松峠から高野山に至る道であって、相ノ浦から紀伊山地の山々に続く山道は、東方面へは大瀧を経て熊野道、南方面へは花園新子[はなぞのあらたし]を経て龍神道に合流します。

『紀伊続風土記』[南谷] の項では、「中門の南は遍照岡の麓に抵るに地勢稍高くしてまた谷に入りて山堂（女人の宿所ともなす）あり」および「此より南外山に出る札場の辻は相浦と水上峠に向ふ両岐あり」との記述があります。

また、[南谷 女人堂] の項に「山の堂ともいふ　本尊地蔵菩薩大師の作　南谷六地蔵の其一なり　六時の辻の南五町餘にあり　女人此所に宿す當山七口の其一にて相浦口といふ下乗札あり」とあり、山之堂に地蔵菩薩が祀られていることから、地蔵堂でもあり女人堂として利用されていたようです。

女人道と林道の相浦道とが交差する峠に相浦口の標識が立てられています。相ノ浦集落と水上峠への分岐は「札場の辻」と呼ばれ、そこには明和2年（1765年）の地蔵石仏の道標があります。地蔵石仏には、左方向を指差

し「くまのみち」、右には「やまみち」と刻まれています。

この近辺に女人堂があったとされて、各種パンフレット類には、「相浦口女人堂跡」と記載されています。しかし、『紀伊続風土記』では、女人堂は谷に入ったところにあるとしていますので、峠の近辺に女人堂跡があるとすれば矛盾します。

【図表106　熊野本宮への道標石】

女人道を西に下れば、「左　くまの道　本宮へ十八里」の道標石（図表106参照）が立つ場所があり、そこから谷筋となります。供養石碑も立っていることから、その周辺に相浦口女人堂があったのかも知れません。

① 相浦道を歩く

相浦道は、高野山の南にある相ノ浦集落から笠松峠を越えて尾根沿いの林道で高野山に至ります。高野山から相ノ浦までの路線バスがありましたが、平成30年4月から廃止となりました。このため、相ノ浦までタクシーを利用するか、約9kmの車道を2時間前後かけて歩くなどとなります。相浦道は比較的短い距離のため、往復を歩いても約5時間程度です。

相ノ浦集落の北に高野山小学校旧相ノ浦分校があり、隣接する丹生神社にそびえ立つトガサワラの木は国内最大級とされて、和歌山県指定文化財の天然記念物として保護が図られています（図表107参照）。

【図表107　相ノ浦丹生神社境内とトガサワラ】

天然記念物指定時の大きさは、胸高周囲5.23m、樹高35m、樹冠は東西8m、南北8mであって、平成10年に台風で倒れた三重県熊野市にある胸高周囲6.05

mのトガサワラに次ぐもので、生育木では日本一です。
　トガサワラ（マツ科トガサワラ属の常緑高木）は、明治26年（1893年）に紀伊半島南部で初めて確認された日本固有種で、高知県魚梁瀬(やなせ)地方や紀伊半島中南部にのみ分布し、約1000本と推定される希少種であるため、「生きた化石植物」ともいわれています（環境省では、絶滅危惧種Ⅱ類（ＶＵ）に区分）。
　相浦道は、旧相ノ浦分校からの車道が尾根を巻くように曲がって、カーブミラーが設置されているところから山道を登ります。高野槙の植林を過ぎるとしばらく山林の中を進みますが、途中で左上鋭角に曲がる坂道を見逃して直進しないように注意が必要です。
　笠松峠までの道は、近年に整備されていますが、枝道にそれないようにして歩きます。笠松峠からは、眺望が良い尾根筋の林道となって、ゆるやかな坂を下りながら、地蔵道標石と相浦口の標識が立つ女人道との交差に至ります。簡易舗装の急な坂道を下れば、高野山霊宝館の東に至りますが、相浦口女人堂があったのは霊宝館南西の谷沿いであったため、相浦口の標識から女人道を西向きに下っていきます。坂道を下ったあたりに分岐があり、「左くまの道　本宮へ十八里」の道標石が立っていますが、この道標は轆轤峠の大滝口から小辺路により熊野本宮に向かうための案内となります。
　道標石付近には、供養石碑があり、坂道を下り切ればフェンスが設置された谷川を渡ります。この近辺が紀伊続風土記にある「谷に入りて山堂（女人の宿所ともなす）あり」であれば、女人堂としての山之堂や地蔵堂があったものと思われます。女人道から離れると高野山霊宝館の裏に至ります。

② 信長の重臣・佐久間信盛の追放
　相ノ浦集落は、織田信長の重臣・佐久間信盛が追放されて住み着いた所と伝えられ、『紀伊国名所図会』には佐久間信盛の困窮を救うために金銭を持参した豊臣秀吉の使者の様子が描かれています（図表108参照）。
　石山合戦(いしやまかっせん)の一環であった天王寺の戦いで、対石山本願寺(いしやまほんがんじ)攻略戦の責任者ともいえた信盛は、天王寺城での５年間にわたる持久戦に固執し続けたことなどが信長の逆鱗に触れて、19か条の折檻状を突き付けられました。
　19か条の折檻状には、信盛・信栄親子に対し「父子ともに髪をそり、高

【図表108　佐久間信盛の困窮場面『紀伊国名所図会』】

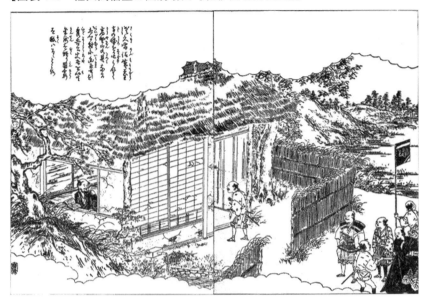

野山に住み遂げ、これからずっと許しを乞うのが当然」とあります。

『信長公記』では、さらに「高野の住まいも許さぬ」との信長の仰せがあって高野を発ったことと、代々仕えてきた下人にも見捨てられ、哀れなありさまであったとしています。このことから、秀吉が信盛の困窮を救うために、使者が金銭を持参する様子が描かれたと思われます。

信盛は、高野山小坂坊（こさかぼう）（持明院）に蟄居後、相ノ浦で居住し、十津川温泉で療養後に病死したとされています。なお、十津川村大字武蔵に墓があります。

私見ではありますが、『信長公記』をストレートに読めば、信長の非情さが伝わってきますが、疑問に思う点があります。

１点目は、信長が筆をしたためて申し渡したとされる折檻状についてです。信長幼少の頃より重臣として仕え、家督相続時など一貫して信長を支え続けて、家臣団の筆頭格として扱われてきた信盛を追放するために書かれた19か条にも及ぶ内容とは、信盛父子や家臣団にというより信長自身を納得させるためのものだったのではないでしょうか。

信長が朝廷を動かして石山本願寺と和睦した結果、石山本願寺攻略の指揮

官であった信盛に対して情を捨てて厳しく処分せざるを得なかった、それが高野山追放だった。

2点目は、「高野の住まいも許さぬ」との信長の仰せは非情と捉えられますが、寒さ厳しい高野山の冬を考えると、温情を隠した言葉ではなかったでしょうか。厳冬の高野山からの避寒地として山麓各所に里坊があったことが知られています。また、時代は下りますが、真田昌幸・幸村父子は関ヶ原の合戦に敗れて高野山蓮華定院に蟄居後に山麓の九度山に移り住むなど、事情は違っても、高野山蟄居後に山麓に移り住むケースは少なくありません。

4　龍神口の高野参詣道

龍神口の特徴

　龍神口は、壇上伽藍から南西の方角に位置し、辻堂口、湯川口、梁瀬口、保田口、有田口、日高口などと呼ばれ、大門の南側にあった女人堂近くに制札が立てられていました。大門から数百m南にある熊野辻は、今は「助の地蔵」と呼ばれていますが、熊野道（小辺路）・相浦道に続く女人道と龍神方面への道とが分岐します。

　熊野辻からさらに南に行くと、湯川辻で湯川集落への道と分岐し、辻の茶屋では花園梁瀬を経た有田方面への有田（梁瀬）道と分岐します。

　龍神道は、辻の茶屋から花園新子で有田川に出て、箕谷（みのだに）を遡り、紀伊山地の山々を越えて龍神温泉に至ります。また、龍神温泉から南への道は、熊野参詣道の中辺路につながっています。

　有田（梁瀬）道と龍神道が合流する辻の茶屋には茶屋があり、「高野登り」の休憩所として利用されていました。また、花園新子には、かつて4軒の宿屋があって賑わったということが伝わります。

① **有田（梁瀬）道・龍神道を歩く**

　龍神口に至る主な道には、有田方面からと龍神温泉からの道があります。2本の道は、辻の茶屋で合流して、大門の南にある制札場に至りました。

有田方面からは、熊野古道沿いの湯浅からの道と有田川河口の北湊（有田市港町）からの道が有田川中流域で合流するなどして、花園梁瀬を経て辻の茶屋に至りました。なお、北湊は、四国方面から高野参詣に船便を利用した場合の上陸地でもありました。

　一方、龍神温泉からは、紀伊山地の山々を越えて、花園新子から辻の茶屋に至ります。龍神村湯本から高野山大門に至る険しい道は、高野参詣道であるとともに龍神温泉入湯の道でもありました。

　これまでに紹介しました道と同様、高野山までの日帰りコースを歩くこととした場合、ＪＲ和歌山線笠田駅前発のかつらぎ町コミュニティバス新城・花園コースに乗車して約１時間10分で花園バス停に到着、花園梁瀬から辻の茶屋経由で高野山大門までの行程となります。ただし、花園梁瀬で前泊すると、約５km先の花園新子から辻の茶屋経由で高野山大門までの行程も可能です。花園梁瀬までのバスの本数が限られていますので、事前に確認するなどの注意を要します。

　花園バス停からは、平成28年７月にオープンした「はなぞの温泉花圃の里」の駐車場の裏手から山道を登ります。遊歩道として整備されていて、坂道を登り切ったところで舗装された車道と合流します。車道は、さらに花園新子からの舗装路と合流する三叉路にあって、昭和40年頃まで営業していたとされる新辻の茶屋につながります。

　旧辻の茶屋（図表109参照）は、花園新子方面にあるため、高野山大門とは逆方向に歩いて約600ｍ先で林間広場の公園に至ります。公園からは高野山方向の車道東側に残る古道を歩き旧辻の茶屋に至りますが、茶屋跡周辺にあった地蔵堂や石仏などは山麓に移されたのか痕跡をとどめていません。ただ、茶屋跡から約20ｍ先に辻の茶屋で使用されていたとされる井戸（図表110参照）があり当時の面影を残しています。

【図表109　旧辻の茶屋跡】

旧辻の茶屋からの古道は約500mで車道につながります。車道の上下には大門付近までの牛牽き軌道跡や森林鉄道の軌道跡と重なりながら龍神道の痕跡が数か所で残っています。湯川辻を経て「助の地蔵」（図表111参照）がある熊野辻に至ると地蔵堂と地蔵石仏が並び、「左　くまの　右　龍神道」と刻まれた道標石が立っています。また、祠の中に祀られている助の地蔵石仏には「右　里う志ん道　左　くまの道」の文字が刻まれています。

【図表110　旧辻の茶屋井戸】

【図表111　助の地蔵】

　熊野辻からは杉木立の中に道幅のある地道となり、200mほどで車道を横断して高野山大門に至ります。

② 　有田（梁瀬）道の石仏

　第5章の黒河口（黒河道・太閤道）では、壇上伽藍の北東、いわゆる丑寅の方角に当たり、鬼門擁護・守護の千手堂と不動堂のある千手院谷のさらに北東の方角にあるのが粉撞峠で、永正6年から4年間にわたり金剛峯寺の座主を務めた「検校重任」造立の地蔵石仏が祀られているとしました。

　一方、龍神（有田）口は、壇上伽藍の南西、いわゆる未申の方角で裏鬼門に当たります。そのさらに南西の方角で有田（梁瀬）道の峠（地蔵峠）に、ひっそりと地蔵石仏と並んで弘法大師の石像が佇んでいます。

　この石像は、昭和9年（1934年）の弘法大師御入定1100年・御遠忌大法会の際に造立されたもので、昭和3年からおよそ6年間にわたり金剛峯寺座主を務めた龍池密雄管長の名が刻まれています。

第7章
高野山の世界遺産

壇上伽藍

1　世界遺産高野山

高野山の世界遺産

「世界遺産高野山」はよく知られていますが、「高野山の世界遺産」はあまり知られていないのではないでしょうか。

平成16年（2004年）、吉野・大峰、熊野三山とともに高野山が「紀伊山地の霊場と参詣道」の霊場の1つとして世界文化遺産に登録されました。また、各霊場への参詣道として大峯奥駈道（おおみねおくがけみち）、熊野参詣道（大辺路、中辺路、小辺路）とともに高野山町石道が世界遺産に登録されています。

世界遺産に登録された町石道を参詣道とする霊場高野山は、よく知られていますが、具体的に世界遺産高野山を構成する資産を以下において列挙して紹介します。

高野山上にある世界遺産『金剛峯寺』を構成する6つの地区に、「大門」、「壇上伽藍」、「本山」、「奥院」、「徳川家霊台」、「金剛三昧院」があります。また、参詣道『町石道』でつながる地区に、『丹生都比売神社』、『慈尊院・丹生官省符神社』があります。

上記の世界遺産を構成する各地区にある建物は、すべて世界遺産なのでしょうか。例えば、大門、根本大塔、金堂、金剛峯寺、奥之院御廟の中で世界遺産の構成資産といえる建物はいくつあるでしょうか。

高野山にある仏像、絵画等の美術・工芸品等で国宝や重要文化財に指定されたものは、世界遺産を構成する資産となっているでしょうか。

参詣道として町石道が世界遺産登録されていますが、町石道の道程すべてが世界遺産なのでしょうか。町石道に並び立つ各町石はどうでしょうか。

平成28年（2016年）、第40回世界遺産委員会において「紀伊山地の霊場と参詣道」の軽微な変更が承認され、参詣道の追加登録が実現しました。

高野山では、町石道に加えて不動坂、三谷坂、黒河道、女人道の参詣道が世界遺産に追加登録されています。それに合わせて名称もそれぞれが「高野参詣道（参詣道名称）」と変更されています。

高野山周辺からの各参詣道の総称に「高野七口」がありますが、今回の追加登録でそのすべてが世界遺産に登録されたわけではありません。
　高野山にある世界遺産登録されたそれぞれの資産（世界遺産一覧表に記載され、保護のために文化財保護法により史跡名勝天然記念物及び建造物に指定された文化遺産）について、世界遺産の概要に続いてその概略を記載いたします。

2　世界遺産の概要

世界遺産とは

　世界遺産については、UNESCO（ユネスコ：国際連合教育科学文化機関）や外務省・文化庁・環境省などのホームページで概要を知ることができます。
　日本ユネスコ協会連盟では、「地球の生成と人類の歴史によって生み出され、過去から現在へと引き継がれてきたかけがえのない宝物です。現在を生きる世界中の人びとが過去から引継ぎ、未来へと伝えていかなければならない人類共通の遺産です」としています。

世界遺産条約と登録種別

　世界遺産は、『世界遺産条約』（正式名称は、『世界の文化遺産及び自然遺産の保護に関する条約』）に基づき、人類共有のかけがえのない財産として国際的に保護・保全していくことが義務づけられている記念工作物、建造物群、遺跡、自然の記念物および区域などのこととされています。
　世界遺産条約は、文化遺産や自然遺産で「顕著な普遍的価値」のあるものを人類全体のための遺産として損傷、破壊等の脅威から保護し、保存することが重要であるとの観点から、国際的な協力や援助の体制を確立することを目的として1972年のUNESCO（ユネスコ）総会で採択されています（日本は1992年に受諾）。
　世界遺産に登録されるには、ユネスコの「世界遺産委員会」において、資産の内容が他に類例のない固有のものであり、国際的に決められた判定基準

に照らして「顕著で普遍的な価値」があると認められることが条件であって、資産の価値にふさわしい、有効な保存管理が手厚くなされることも必要となっています。

　世界遺産は、有形の不動産が対象であり、世界遺産条約により記念工作物、建造物群、遺跡などの「文化遺産」、地形や地質、生態系、絶滅のおそれのある動植物の生息、生育地などの「自然遺産」、文化遺産と自然遺産の両方の価値を兼ね備えている「複合遺産」の3種類に定義されています。

　世界遺産の構成資産は、史跡名勝天然記念物と国宝や重要文化財からなります。2018年7月現在、世界遺産の総数は、1,092件（文化遺産845件、自然遺産209件、複合遺産38件）、日本の世界遺産は、22件（文化遺産18件、自然遺産4件）となっています（毎年7月初旬の前後で世界遺産委員会が開催されて世界遺産の登録審査が行われます）。

世界遺産「紀伊山地の霊場と参詣道」の概要

　日本で12番目（文化遺産では10番目）の世界遺産「紀伊山地の霊場と参詣道」は、2004年7月1日に第28回世界遺産委員会（開催地：中国蘇州）において登録が決定、7月7日に世界遺産一覧表に記載されました。

　高野山は、吉野・大峯、熊野三山や参詣道とともに世界遺産「紀伊山地の霊場と参詣道」の登録資産となっています。

　三霊場とそれらを結ぶ参詣道、その周囲を取り巻く「文化的景観」からなる広大な地域は、構成資産面積が506.4ha、緩衝地帯面積12,100ha、参詣道延長347.7kmに及び、『世界遺産「紀伊山地の霊場と参詣道」に関する包括的な管理計画』では、次のとおりとしています。

○「紀伊山地の霊場と参詣道」（以下、『資産』という）は、三重県・奈良県・和歌山県の3県に所在する日本古来の自然崇拝に基づく神道、大陸から伝わって日本で独自に発展した仏教、神道と仏教が混淆して形成された神仏習合や道教をも交えて形成された修験道などの霊場と、それらを結ぶ参詣道から成る。

　霊場の1つである高野山は、9世紀初頭に空海によって開創された真言密教の信仰の地で、わが国における仏教聖地の極めて重要な事例である。

熊野の本宮・新宮・那智の熊野三山は、「日本第一大霊験所」として12世紀以来、皇族・貴族の信仰を集め、多数の参詣者が訪れて、「蟻の熊野詣」と称される現象を生ずるほどの賑わいを見せた。

　また、吉野・大峯は、古代から山岳宗教の場として修験の本山とされ、日本第一の霊山として中国にもその名が伝わった地である。

　3つの霊場を結ぶ参詣や巡礼の経路は、信仰の拡大とともに順次整備され、山嶺や谷間に通ずる石畳などの道のみならず、熊野川や熊野灘に臨む七里御浜など自然の河川や海岸の浜辺などにも及んでいる。これらの参詣や巡礼の道は、今日においてもなお良好な形で遺存するとともに、参詣や物資運搬の道として使われ機能している。

　沿道に展開する天然林や人工林などの森林も、信仰やそれを基盤とする生活や生業などと密接に関わる文化的景観として、独特の価値を構成している。

　このように、現在もなお民衆の中に息づく霊場と参詣道は、極めて高い歴史上や学術上の価値を持っている。

3　金剛峯寺

世界遺産の登録資産

　高野山上では、「大門地区」・「伽藍地区」・「本山地区」・「奥院地区」・「徳川家霊台地区」・「金剛三昧院地区」の6地区が世界遺産の登録資産である「金剛峯寺」を構成しています。

　金剛峯寺境内のうち一山の総門である大門を中心とする「大門地区」、真言密教の教義を具現化した堂塔が建立されている「伽藍地区」、大主殿などが建ち並ぶ宗務の中心地である「本山地区」、空海の入定所である御廟を中心に大小20万基といわれる墓碑墓石の建つ「奥院地区」の4つの地区が、昭和52年7月に「金剛峯寺境内」として国の史跡に指定され、徳川家康・秀忠の霊台がある「徳川家霊台地区」と、北条政子が建立した金剛三昧院の境内地の「金剛三昧院地区」が平成14年9月に史跡金剛峯寺境内に追加指定されています。

和歌山県内の世界遺産については、『世界遺産「紀伊山地の霊場と参詣道」和歌山県保存管理計画』などで概要を知ることができます。本項以下では、各世界遺産のそれぞれの構成資産に関する記述を参考として概略いたします。

また、それぞれの境内地にある国宝・重要文化財の建造物なども世界遺産の構成資産になっていますが、建築物に関する専門性もあるので、『和歌山県文化財ガイドブック』にある文化財の説明文を地区ごとの末尾に抜粋して記載します。

① 大門地区

「高野山上の西の結界として建つ大門を中心とした地区」。

【図表 112　金剛峯寺大門】

大門（図表 112 参照）の再建は、元禄 10 年（1697 年）の敷地造成から始まり、7 年がかりで、高野山領内 24 か村から延べ 5,500 人が動員されたということです。

大門の両脇に立つ金剛力士像（仁王像）は、当時の名工とされる仏師康意（阿形像）と法橋運長（吽形像）の作によるものとされています。

大門の北側に 2 階へ上がる階段がありますが、錠前が取り付けられています。古くは 2 階に上がることができたようで、内部の壁面いっぱいに江戸時代の落書きが消されずにそのまま残り、今では貴重なものとなっています。

○金剛峯寺大門／1 棟

重要文化財／建造物／昭和 40 年 5 月 29 日指定

〔大門は高野山の西端に位置し、山内の正門である。最初は鳥居形式で、現在のところより数百 m 下方にあったと伝えられる。3～4 度の火災を経て宝永 2 年 (1705 年) に再建されたのが現在の建物である。五間三戸、二階二重門、瓦棒銅板葺で、高野山の正門にふさわしい大規模な門である。〕

② 伽藍地区

「真言密教の教義を具現化した壇上伽藍とも呼ばれる地区」。

壇上伽藍（図表113参照）は、弘法大師が高野山の開創に当たって最初に開かれた場所で、唐から伝えた真言密教の教義を建造物や諸堂に安置される本尊の仏像によって目に見える形で表現した世界で、最初の密教大伽藍といわれています。

【図表113　壇上伽藍】

　弘法大師空海の入定所である御廟を中心とする奥之院と併せて「両壇」と呼び、高野山上でも神聖性が最も高い地域であって、山内の重要な儀式法会のほとんどは、この壇上伽藍の根本大塔や金堂をはじめとする堂塔において営まれるとしています。

　丹生・高野明神を祀る山王院本殿（御社）と拝殿や、14世紀に

【図表114　金剛峯寺山王院本殿（御社）】

建てられた不動堂のほか、弘法大師空海の肖像画が掛けられている御影堂や近代に再建された根本大塔、金堂などが建ち並びます。

　高野山開創1200年にあわせて中門が再建され、伽藍の西側には西塔をはじめ、鐘楼・孔雀堂・准胝堂・宝蔵・六角経蔵が、また東側には大会堂・愛染堂・不動堂・三昧堂・東塔などの堂塔が建ち、周囲の杉の古木群と一体化して山岳霊場にふさわしい文化的景観を形成しているとされます。

〇金剛峯寺山王院本殿（御社）（図表114参照）3棟　丹生明神社（1棟）
　高野明神社（1棟）　総社　（1棟）附鳥居及び透塀
　重要文化財／建造物　昭和40年5月29日指定／室町時代
　〔山王院本殿（御社）は、壇上伽藍の西端に位置し、高野山のみならず真言密教の総鎮守の社殿である。空海は、弘仁8年（817年）に伽藍の建立に当たって、まず地主神の丹生・高野両明神をここに勧請したという。大永元

年(1521年)の伽藍焼亡の翌年再興されたのが現在の社殿で、巨大な一間社春日造、檜皮葺の丹生・高野明神社2社殿と三間社見世棚造、檜皮葺の総社からなる。鳥居は、木造の明神鳥居で、透塀とともに材は新しいものの、当初の雰囲気をよく残している。〕

○金剛峯寺不動堂（図表115参照）1棟

【図表115　金剛峯寺不動堂】

国宝／建造物／明治32年4月5日指定

昭和27年3月29日国宝指定／鎌倉時代

〔不動堂は、壇上伽藍の東端に建つが、これは明治41年(1908年)に解体移築したもので、本来は山内の一寺院である「一心院」の建物であった。

桁行三間、梁間四間、一重入母屋造、右側面一間通り庇、左側面一間通り三間庇、縋破風造、向拝一間、檜皮葺。平面や軒の納まりが複雑で特異な形態の建物で、14世紀前半の建築と推定される。建ちが低く、屋根が穏やかで、優美な住宅風の趣を持つ建物として著名である。〕

③　本山地区

「金剛峯寺大主殿（図表116参照）を中心に堂舎などが並ぶ本山宗務の中心地の地区」。

本山地区は、高野山真言宗の総本山である金剛峯寺本坊や宗務所が置かれている地域であり、北側に弘法大師空海から金剛峯寺の創建整備を引き継いだ真然大徳の御廟があります。金剛峯寺は、高野山三派（学侶方、行人方、聖方）のうち、学侶方を統率した青巌寺と行人方を統率した興山寺とが明治2年(1869年)

【図表116　金剛峯寺大主殿】

に合併してできたものです。青巌寺に当たる本山地区のほぼ東半分については、天正20年(1592年)に豊臣秀吉が創建し、文久2年(1862年)に再建された建造物群が現存します。

大主殿・奥書院を中心に鐘楼・経蔵・護摩堂・第2世座主真然の廟である真然堂が並び、正面に四脚門形式の山門、東に長屋門形式の会下門を開き、南面と西面には矩折した長大な籠塀を廻らせています。西半分の旧興山寺跡には、別殿・奥殿・新別殿などの新しい建物が建ち、長い廊下で大主殿と結ばれています。

④ 奥院地区

「弘法大師空海の御廟に至る参道に沿って開かれた地区」。

各時代、弘法大師を慕った人々の墓石大小約20万基が樹齢約500年ともいわれる巨杉に囲まれてたたずみます。参道の両側に林立する千数百本の巨杉群は、「奥の院の大杉林」として和歌山県の天然記念物に指定され、苔むした墓碑群と一体となって、霊地としての文化的景観を示しているとされます（図表117参照）。

【図表117　奥院御廟橋】

壇上伽藍とともに高野山の二大聖域であって、奥院経蔵・上杉謙信霊屋・佐竹義重霊屋・松平秀康及び同母霊屋などの建造物や、豊臣家墓所・禅尼上智碑・崇源夫人五輪石塔・高麗陣敵味方戦死者供養碑等の歴史的に価値の高い文化財が数多くあります。

○金剛峯寺奥院経蔵　1棟

重要文化財／建造物／大正11年4月13日指定／桃山時代

〔奥院経蔵は、弘法大師御廟の南東に近接して建つ建物である。経蔵正面に懸る扁額銘によって、慶長4年(1599年)石田三成がこの経蔵を建立して高麗版一切経を寄進したことがわかる。建物は、方三間、宝形造、檜皮葺で、

内部には本尊文殊菩薩騎獅像を正面にした八角形の回転式輪蔵を備え、一切経6285帖が納められていた。内部は、輪蔵を含め全面にわたって彩色が施されており、木鼻などの彫刻とともに桃山時代の特色を示している。〕

〇上杉謙信霊屋　1棟（図表118参照）

重要文化財／建造物／昭和40年5月29日指定／江戸時代

【図表118　上杉謙信霊屋】

〔この霊屋は上杉家のものであって、位牌の刻銘から上杉謙信を祀っていることが知られる。奥の院参道の中之橋前の左手山腹にある。木造、桁行三間、梁間二間、入母屋造、向拝一間、檜皮葺とし、霊屋としては普通の形態をした建物である。細部手法は、穏健に作られ、彩色がある。建立年代は明らかでないが、様式などから江戸時代初期と考えられる。高野山内の木造霊屋としては、古いほうに属し、謙信という歴史上著名な人物を祀った建物として貴重である。〕

〇佐竹義重霊屋　1棟（図表119参照）

重要文化財／建造物／昭和40年5月29日指定／桃山時代

【図表119　佐竹義重霊屋】

〔この霊屋は、常陸国佐竹藩主義重の霊を祀る小祠である。切石積基壇に土台を廻らせた木造方一間切妻造とする。正面の桟唐戸を吊り込んでいる円柱に慶長4年(1599年)の彫刻銘があり、造立年代は明らかである。正面の両端間から側背面三方には、49本の五輪塔形の卒都婆を隙間なく建て並べて壁としている。もとは全面に彩色が施されていたことが彩色痕跡によりわかる。墓塔の覆堂としては、極めて類例の少ない遺構である。〕

○松平秀康及び同母霊屋　2棟（図表120参照）

重要文化財／建造物／昭和40年5月29日指定／桃山時代

【図表120　松平秀康及び同母霊屋】

〔この霊屋は、奥の院の越前松平家の廟所にあり、2棟が並んで建っている。向かって右が松平家初代の秀康を祀る霊屋で、慶長12年(1607年)に2代目の忠直が建立した。左は、秀康自身が母を祀るために慶長9年(1604年)に建立したものである。2棟とも越前の特産である笏谷石が用いられている。石造の霊屋でこのように規模が大きく様式手法の優れたものは珍しく、石製の横架材を樋状に繰り抜いて木芯を入れ補強しているのもほかに例がない。〕

⑤　徳川家霊台地区

「江戸幕府の初代および2代将軍、徳川家康・秀忠父子の霊屋が並ぶ地区」。

【図表121　金剛峯寺徳川家霊台】

徳川家霊台(図表121参照)は、宝形造の霊屋2棟がそれぞれ透塀に固まれて並び建てられ、右側の霊屋には家康を、左側の霊屋には秀忠を祀っています。なお、敷地内には、明治21年(1888年)年に焼失した位牌堂の礎石が遺っています。

造営は、3代将軍家光の命により寛永18年(1641年)頃に完成し、同20年(1643年)に落慶しました。高石垣を築いて平坦な敷地を造成していますが、注意して見れば高野山内には数少ない技巧を凝らした斜め階段を上がります。

また、2棟の霊屋は、技術の粋を結集して細部にまで緻密な装飾が施され、

鳥居のある家康霊屋には虎の彫刻、秀忠霊屋には兎の彫刻があり、それぞれの生まれた干支を表しているとの説があるなど、近世初期の霊廟建築の代表例とされています。

〇金剛峯寺徳川家霊台　2棟　家康霊屋（1棟）・秀忠霊屋（1棟）（図表122参照）

重要文化財／建造物／大正15年4月19日指定／江戸時代

【図表122　徳川家霊台　家康・秀忠霊屋】

〔元は山内の一寺院「大徳院」の建物で、寛永18年（1641年）の建立。桁行三間、梁間三間、一重宝形造、向拝一間、軒唐破風付き、瓦棒銅板葺で、家康霊台と秀忠霊台が並んで建つ。外部は素木であるが、飾り金具を重ね張りにし、彫刻をふんだんにはめ込み、極めて装飾華美である。内部は全面を漆、彩色、障壁画で飾り立て、須弥壇と厨子は蒔絵のあらゆる手法を駆使し、七宝をはめこんだ金具を入れ、その空間は当時の装飾技法の粋が凝縮した見事なものである。〕

⑥　金剛三昧院地区

「北条政子が源頼朝・実朝の菩提を弔うため建立した金剛三昧院がある地区」。

鎌倉時代に、北条政子が山上祈願所として建立した金剛三昧院には、高野山上最古の多宝塔をはじめ、経蔵、四所明神社本殿、客殿及び台所といった主要な建物が周囲の森林と境内の石楠花群の中で良好な状態でたたずみます。

度重なる火災により歴史的建造物の多くが焼失した高野山上にあって、金剛三昧院は中心地域から離れていたため類焼を免れてきたとされます。

〇金剛三昧院多宝塔　1基（図表123参照）

国宝／建造物／明治32年4月25日指定

昭和27年11月22日国宝指定／鎌倉時代

〔多宝塔は、貞応2年(1223年)に頼朝・実朝の供養のために建立された。屋根は現在檜皮葺だが、当初は厚板を用いた栩葺で、その葺材の一部が小屋内に残存している。二重に対して一重が大きく、均整のとれた姿となっている。一重内部は全面に彩色が施され、華やかな空間となっている。〕

【図表 123　金剛三昧院多宝塔】

○金剛三昧院経蔵　1棟（図表124参照）

重要文化財／建造物／大正11年4月13日指定／鎌倉時代

〔経蔵は、桁行三間、梁間二間、寄棟造、檜皮葺の校倉で、多宝塔と同時期の建立と思われる。校木は、桁行梁間とも同じ高さで相欠きに組んでおり、古代の校倉と工法を異にしている。この経蔵は、他に類例の少ない鎌倉時代の校倉として貴重である。〕

【図表 124　金剛三昧院経蔵】

○金剛三昧院客殿及び台所　1棟（図表125参照）

重要文化財／建造物／昭和40年5月29日／江戸時代

〔客殿及び台所は、様式上江戸時代初期のものと考えられている。向かって左手に入母屋造平入りの客殿、右手に入母屋造妻入りの台所が建ち、それらを正面側と背面側に2棟の屋根を架けて繋いでいる。したがって取り合い部の中央には中庭がある。正面には、宝暦8年(1758年)に建築

【図表 125　金剛三昧院客殿及び台所】

された玄関が付属している。客殿は、方丈建築の形式を取り入れ、付書院、床、違い棚を備えた上段の間や持仏の間、大広間などの部屋から構成される上質な建物である。〕

○金剛三昧院四所明神社本殿　1
棟（図表126参照）

重要文化財／建造物／昭和40年5月29日／室町時代

〔四所明神社本殿は、一間社春日造、檜皮葺の建物で、寺院内の小さな鎮守社である。墨書により天文21年(1552)の建立が確認できる。

【図表126　金剛三昧院四所明神社本殿】

建物は土台建てで、身舎は丸柱、組物は三斗で中備えに彫刻入り蟇股を置く。軒は二軒繁垂木で、身舎の三方に持ち送りで跳ね出し縁を廻し、脇障子、木階段を置く。向拝は面取り角柱で身舎と海老虹梁で繋ぐ。小規模な社殿であるが、正規の手法でまとめられている。〕

4　丹生都比売神社

丹生都比売神社とは

　丹生都比売神社は、町石道から約1.5km離れた標高約450mの天野盆地にあり、町石道沿いの二ツ鳥居に至る八町坂を含めて丹生都比売神社境内として世界遺産登録されています。

　丹生都比売神社は、紀伊山地北西部一体の地主神として信仰を集め、創立は有史以前とされます。古くから祀られていた丹生神社と、高野山開創に登場する高野御子大神（狩場明神）と承元2年(1208年)に勧請された大食都比売大神・市杵島比売大神をあわせて4神を第一殿から第四殿に祀っています。

　正暦5年(994年)に高野山上の御影堂を除く伽藍諸堂が焼失したため、神社周辺に堂塔などが建立され、天野伽藍と呼ばれるようになったとされま

す。山王堂・御影堂・鐘楼・経蔵・護摩所・多宝塔・不動堂・大庵室などが建ち並びましたが、明治初期の神仏分離令により、仏教関係施設はすべて移築または取り壊されました。

境内にある本殿や楼門は、世界遺産の構成資産のひとつであり、『和歌山県文化財ガイドブック』にある文化財の説明文などを抜粋して以下に記載します。

〇丹生都比売神社本殿　4棟（図表127参照）

重要文化財／建造物／昭和40年5月29日／室町時代～明治時代

〔本殿の建立年代は、第一殿が正徳5年(1715年)、第二殿と第四殿が文明元年(1469年)、第三殿が明治34年(1901年)の建立である。各殿とも一間社春日造、檜皮葺の建物で、それぞれの内部に一間社春日見世棚造の宮殿を納める。各本殿は、正面柱間が約3.4mもあり、一間社春日造では最大級のものである。また、宮殿は、嘉元4年(1306年)の銘があることから、前身社殿のものとみられる。〕

〇丹生都比売神社楼門　1棟（図表128参照）

【図表127　丹生都比売神社本殿】

【図表128　丹生都比売神社楼門】

重要文化財／建造物／明治41年4月23日／室町時代

〔楼門の創建は明らかではないが、13世紀末の作とされる金剛峯寺蔵の『絹本著色弘法大師丹生高野両明神像』(重要文化財)に描かれた天野社の社頭の図には、現在の楼門の位置に八脚門が描かれている。現在の楼門は入母屋造、檜皮葺の三間一戸の楼門である。建築年代は平成5年の解体修理で発見された墨書から明応8年(1499年)の建立であることが確定した。室町

時代中期の様式を示している楼門である。〕

5　慈尊院と丹生官省符神社

　慈尊院は、金剛峯寺の建設と運営の便を図るため、9世紀に紀ノ川左岸の政所に創建された寺院であり、本尊の国宝木造弥勒仏坐像には寛平4年(892年)の銘があります。高野参詣道町石道の登り口に当たり、参詣者が一時滞在する場所ともなって信仰を集めてきました。

　境内には、重要文化財に指定されている弥勒堂を中心として、和歌山県指定の有形文化財である築地塀(西門を含む)・北門・多宝塔などが建ち並びます。

【図表129　慈尊院と丹生官省符神社】

　丹生官省符神社は、慈尊院に南接し、石段を登ったところにあり(図表129参照)、金剛峯寺創建期に政所が置かれた際に、丹生都比売大神・高野御子大神を鎮守として勧請したことに始まります。その後、大食都比売大神・市杵島比売大神をあわせて四所明神を祀るようになりました。なお、時代によっては、「七社明神」などと変遷しています。

　永承4年(1049年)、政所を含む周辺が高野山領の官省符荘となって以来、荘園全体の鎮守として崇敬されてきました。明治の神仏分離令までは、境内に仏教的建築物もあり、隣接する慈尊院とも一体となって信仰を集めてきました。

　世界遺産に登録されている慈尊院と丹生官省符神社境内には、重要文化財の建造物などがあり、世界遺産の構成資産になっていますので、『和歌山県文化財ガイドブック』にある文化財の説明文などを抜粋して記載します。

〇慈尊院弥勒堂　1棟（図表130参照）

重要文化財／建造物／昭和40年5月29日指定／室町時代

〔弥勒堂は、国宝の木造弥勒仏坐像を安置する鞘堂で、三間四方、宝形造、檜皮葺の安定感のある建物である。内部の中央に一間四方の内陣を構え、この部分は古式で鎌倉時代とみられる。庇部分には天文9年(154年)の墨書があり、室町時代に寺地を移したときに旧建物を移築し、庇部分を建立したものと考えられる。

なお、石製の鎌倉時代の露盤、室町時代の宝珠も残されている。〕

○丹生官省符神社本殿　3棟（図表131参照）

重要文化財／建造物／昭和40年5月29日指定／室町時代

【図表130　慈尊院弥勒堂】

【図表131　丹生官省符神社本殿】

〔15世紀中頃から紀ノ川の氾濫を危惧して社地の移転が企てられ、現在の社殿は、新たなこの地に永正14年(1517年)に建てられたものと考えられる。

本殿は、ほとんど同規模の檜皮葺の一間社春日造で、3棟が並立している。右の2社は同形式で墨書から永正14年(1517年)、左の1社は棟札から天文10年(1541年)に建てられたことがわかる。規模は大きくないが、細部彫刻等に優れた遺構である。〕

6　高野参詣道

高野山周囲からの参詣道がいくつかある中で、平成16年（2004年）7月に世界遺産遺産登録されたのは、山麓の慈尊院から壇上伽藍を経て奥之院

御廟に至る表参道の高野山町石道と、熊野本宮と高野山を結ぶ道で熊野参詣道として部類されている小辺路でした。

世界遺産登録されるためには、文化財保護法などの国内法により保存の措置が講じられている必要があり、町石道は慈尊院から奥之院に至るほぼ全区間が、昭和52年（1977年）7月「高野山町石」の名称で国の史跡に指定されていました。小辺路については、伊都郡高野町から田辺市本宮町八木尾までの間で車道や林道となっているなどの改変を受けずに古道として残っている部分が、平成14年（2002年）12月に「史跡熊野参詣道（平成12年（2000年）11月指定）」に追加指定されています。

世界遺産の追加登録

平成16年（2004年）7月の世界遺産遺産登録で町石道と小辺路以外の高野参詣道は、国の史跡に指定されたものはなく、登録の対象とはなりませんでした。

また、熊野参詣道の中辺路と大辺路においても、指定地が細切れとなり連続していない区間があり、紀伊路では指定等の保存措置が講じられていませんでした。このため、平成22年（2010年）から熊野参詣道と高野参詣道の調査が進められて、史跡として価値が確認できた部分を国史跡へ追加指定するとともに、町石道については、「高野山町石」から「高野参詣道」へ史跡の名称が変更されています。

平成28年（2016年）1月に、『世界遺産紀伊山地の霊場と参詣道境界線の軽微な変更に関する提案書』が政府からユネスコ世界遺産センターに出され、同年6月にICOMOS（イコモス）勧告を経て10月24日の世界遺産委員会で「紀伊山地の霊場と参詣道境界線の軽微な変更」が承認されました。

この結果、高野参詣道では、三谷坂（丹生酒殿神社を含む）、京大坂道不動坂、黒河道と女人道の3.8ha、24.6kmが世界遺産に追加登録されることとなりました。

世界遺産登録への道

高野七口の中で世界遺産登録されていない主な高野参詣道は、大峰道、相

浦道、有田（梁瀬）道・龍神道、麻生津道と槇尾道などがあり、黒河道についても枝分かれした道がいくつかあります。さらに、近年調査と整備を進めている細川道や調査継続中の平安高野御幸道などもあります。

　前述のICOMOS勧告には、「他に同種の軽微な変更を検討しているのかどうかをはっきりさせるように」と追加勧告が出されています。

　これについては、文化庁をはじめ県市町村などの関係団体が、今後どのように対応していくかが課題となりますが、今回の追加登録により、町石道と小辺路以外の高野七口の参詣道（三谷坂、京大坂道不動坂、黒河道、女人道）が世界遺産高野参詣道として世界遺産に加わりました。

　世界遺産登録されている霊場「高野山」への参詣道の完全性を高めていくためにも、「世界遺産高野山への道」すべてが世界遺産登録されて、次の世代に引き継がれることを期待して、高野七口再生保存会での古道復活への取組みをこれからも続けていくことができたらと考えます。

高野七口再生保存会の取組み

　高野七口再生保存会は、高野山から周辺地域に放射状に伸び、全国から多くの参詣者が歩いて登山した高野参詣道(高野七口)すべてを再生させ、誰もが歩行可能な参詣道の復活に寄与するとともに、沿道の自然・文化・伝統を地域の財産として保存、活用することにより、高野七口を後世に良好な形で伝え遺していくことを目的として、2013年6月29日に設立されました。

　会員・賛助会員30名余り、顧問・参与6名、合わせて約40名で前述の目的達成に向けて活動しています。

　主な活動に、高野七口と周辺の古道調査、道普請（倒木処理、崩落箇所修復、草刈り等）（図表132参照）、歴史講座（高野七口学）の開催、ウオークイベントの実施、世界遺産体験学習(小中学校児童生徒を対象)、世界遺産フォーラムの開催などがあります。

　また、途絶えていた地域の風習の復活に取り組み、古くから高野山麓の村々で行われていた「雑事のぼり」を、2015年の春・秋に黒河道で一般参加者を募集して100人規模で実施しました。

　2016年以降も毎年秋に継続して行っていますが、会員の高齢化が課題で

あり、幅広い年齢層で構成される団体となることが望まれます。

参考として、2012年当時の設立趣意書をご覧ください。

【図表132　黒河道での倒木処理】

「標高約830メートルの山上盆地にある聖地としておよそ1200年の歴史を刻む高野山は、弘法大師信仰、納骨信仰、浄土信仰など様々な形態の信仰が時代を追って広がりをみせ、総菩提所として日本有数の霊場に発展した。そしてその周囲、女人堂・山之堂などが建つ高野七口から放射状に伸びる参詣道を利用して多くの参詣者が全国から訪れた。各々の高野参詣道自体もまた高野七口と呼ばれ、その代表的な参詣道である高野山町石道、高野山と熊野本宮の両霊場を結ぶ小辺路の二路については平成16年7月に世界遺産登録されている。

世界遺産に登録されていない高野参詣道についても、高野山女人道及び高野三山の道からなる高野山結界道並びに高野七口とそれに繋がるものとして、京大坂道、黒河道、大峰道、相浦道、有田龍神道、西国街道及び三谷道など、その大部分若しくは部分的に改変から逃れて古道が21世紀の今に伝わり、今後、後世に良好な形で遺していくべきものがある。

しかし、世界遺産登録されている二路以外の多くは、一部を除いて残念ながら荒廃して忘れ去られ、未整備であったり、地図上になかったりと多くの問題があって、安心して一般の人々が歩けるものとなっていない。

平成23年度に、京大坂道のうち高野山への最後の難所であったと知られていた古来からの不動坂が、およそ100年ぶりに古道整備されて蘇り、多くの人が、不動坂復元ルートを歩いて登山することが可能となった。

これに続き、高野七口すべてを再生させ、千年先、万年先、人が存在する限り地域の財産として自然・文化・伝統を保存、活用していくという熱い思いの結集により、「(仮称)高野七口再生実行委員会」をここに設立するべく、心ある方のご賛同を望むものであります。

　　　　　　　　　　　　　　　　　　　　2012年　設立発起人一同」

第8章
小考―高野七口

道標石（右かうや三り…）

「高野七口と参詣道」について、これまでその歴史や現状などを概説し、「高野山の世界遺産」を主に文化財としての側面から紹介いたしました。

限られた紙面に絵図や写真なども多数含めたため、高野七口の参詣道についてこれまで解明されていない点などの考証を加えるつもりでしたが、紙面が足りなくなりました。

したがって、残された紙面の中で「小考－高野七口」として、許される限りの範囲を掲載することといたします。

かなりの部分を省略しているため、説明不足で難解な点が多いと思いますが、本章の内容について興味をお持ちいただいた方は、『高野山大学図書館紀要』第3号 (2019年) をご覧いただければ、ここで紹介しきれなかった部分についてもお読みいただけます。

1　平安時代の高野御幸道

江戸時代の町石道では、大門へ登るつづら折りの坂道が『紀伊国名所図会』などの絵図によりますと、「古道」となっていましたが、山麓の慈尊院側にも古道と呼ばれる道があります。

町石道が法皇・上皇が歩かれたことから御幸道とも呼ばれましたが、町石造立以前に平安高野御幸道と呼ばれる道があったと伝えられています。

紀ノ川河畔にあります慈尊院から丹生官省府神社への石段を登る途中にあるのが町石道の180町石、そこから17町（約1.9km）ほど町石道を登ったところが標高477mの雨引山中腹で、163町石の近くの分岐に小さな石の道標があります（図表133参照）。

【図表133　道標石】

道標石には、「右　かうや　三り　あま

の明神（一りの2文字が地中に埋もれている）」と「左　こさわ　一りかうやちか道」とが刻まれています。

『和歌山懸史蹟名勝天然記念物調査會報告第十八輯』には、「舊高野御幸道（傳説地）」として田村熊太郎氏の調査報告が記載されています。また、旧『九度山町史』においても、「高野街道の繁栄」の項で平安高野御幸道として取り上げています。

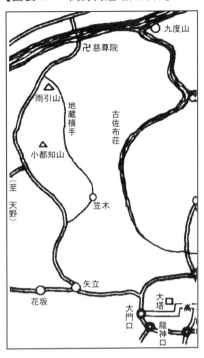

【図表134　高野街道略図部分】

それには、町石道の163町石かたわらの道標から雨引山や小都知ヶ峰の中腹を通る地蔵横手を過ぎ、古沢から笠木坂を登って、上垣内、暗峠経由で町石道86町石につながる6kmの近道が、平安高野御幸道であったと伝えられるとしています。

また、文中の高野街道略図（図表134参照）には、慈尊院からの町石道を分岐して、笠木経由で再び町石道につながる地蔵横手の道筋が描かれています。そして、「この道には休み場、堂の段など、かつて高野参道であったと認められる跡が残っているし、寛治2年(1088年)に白河上皇が御登山のさい、宿泊せられたという笠木坂仮御所の跡は、笠木の上の段―薬師寺境内か木上氏宅趾と推定できる。

それにこのあたりは見晴らしがよく、呼べば答えそうな高野山、はるか山あいにのぞむ紀の川、足もとに起伏する山なみ、遠くかすむ大和連山と、旅情をお慰め申すにふさわしい地である」と、前掲の調査報告【舊高野御幸道（傳説地）】の推定理由とほぼ同内容で結んでいます。

平安高野御幸道を山中の現地で確認することは、かなり困難となっています。しかし、これまでの調査により、平安高野御幸道ではないかと思われる

道の痕跡も見つかっています。

　伝承されてきた話は、長い年月を経て正確に伝えられてきたか疑問ではありますが、伝説・伝承には後世に残したいメッセージが含まれていることもあり、町石道以前の「伝説の平安高野御幸道」の存在については議論がありますが、一概に否定せずに、いつの日かそのルートの全容が判明されることを願い、今後も調査を続けて調査報告の機会を設けることができればと考えています。

2　高野山町石の梵字および仏尊名

　これまで、高野山町石に刻まれた梵字の種子および仏尊名についての研究に基づいた文献・書籍等がいくつか出版されています。

　しかし、特に高野山上では、造立当初（鎌倉時代）の町石が奥之院にあるものを除きほとんど残っておらず、再建された町石に誤った種子（種字）の梵字が刻まれたものもあり、また、種子（種字）の梵字から判断する仏尊名を誤っているものがあるように思われます。

　種子（種字）は、仏尊の真言にある梵字の一文字や仏尊名を表した梵字の頭文字などに由来することから、1つの梵字で複数の仏尊を表すことがあります。したがって、曼荼羅諸尊の配列にある規則性、序列を原則考慮して、町石に刻まれている梵字の種子（種字）に当たる仏尊名を比定すべきと考えます。

　これまでの町石の種子（種字）と仏尊名についての研究では、町石に刻まれた梵字からの仏尊名の比定を誤っているものがあります。

　例としては、胎蔵（界）・金剛界曼荼羅それぞれの町石に、大日如来を表した町石は存在しないにもかかわらず、胎蔵（界）曼荼羅の町石180基（壇上伽藍から慈尊院まで）のうち、壇上伽藍から1基目の1町石が阿閦如来であるべきを誤って大日如来としていること。

　金剛界曼荼羅の町石36基（壇上伽藍から奥之院御廟）については、諸説ありますが、37基あるべきで足らない1基を大日如来として「36基すべて

で大日如来」、「中門前の基石を大日如来」、「奥之院御廟の弘法大師を大日如来」などとしていることがあります。

　上記以外でも、曼荼羅諸尊の配列にある規則性、序列を考慮せずに、町石に刻まれている梵字の種子（種字）に当たる仏尊名を比定しているなどで、誤りが多く見受けられます。

3　丹生大明神告門にある「奄太村乃石口」

　丹生都比売神社神職の惣神主が伝えてきました神社の縁起書ともいえる祝詞があります。その『丹生大明神告門』には、丹生明神が降臨して巡った各地が列記され、最初に降臨した場所のことを、「紀伊国伊都郡奄太村乃石口爾天降坐天」と記しています。

　奄太村の石口は、『紀伊続風土記』などでは丹生酒殿神社境内の数100m南にある七尋滝としています。また、『紀伊続風土記』の記述には、「慈尊院村古奄太村といひてそこに降臨ありといふは恐らく誤なるへし」とあって、「九度山村の艮廣平の田地を安田島といふ又庵田とも書す」との記述から、丹生明神降臨地である石口の所在を、慈尊院や古くは奄太村といった九度山周辺ではなく、恐らく誤りであるとしています。

　旧『九度山町史』[神部郷と丹生明神] の項で、九度山丹生明神の縁起に、「昔丹生都比売命手にさかきを持ち、雨の森にあま降り、土民に営業（稲作）を教えたもう、故に土民産土神とあがめ奉り、明神山に祭るに至れり」とあるとしています。

　丹生川村に古来伝わる『玉川の四十八怪巌奇石名勝の和歌古今集』という本には、「阿牟田岩口　九度山村ニ有」として、現九度山町にある「雨の森」の地を丹生明神の降臨地である奄太村の石口としているようです。

　丹生川下流にある九度山町大字入郷は、丹生郷であったことや、入郷の川上にある古曽部の地名は社部と古くは記されていたようです。このことから九度山町古曽部の川上にある「雨の森（あめのもり）」は、丹生明神の降臨地「天の森（あめのもり）」を意味しているのかも知れません。

4　高野街道の六地蔵堂

　京大坂道の紀ノ川河畔から高野山への道沿い6か所に建つ地蔵堂は、高野六地蔵と呼ばれています。紀ノ川沿いの街道には、清水の西行堂を第一の地蔵として第二を南馬場の地蔵堂が続きます。学文路から高野山へ登る道筋では、繁野集落に第三の地蔵、河根峠に第四、作水坂の上に第五、桜茶屋にあるのが第六の地蔵とされています。

　『紀伊続風土記』には、それぞれ清水に「地蔵堂　村の東端にあり、高野山街道六地蔵の第一といふ」、南馬場に「地蔵堂　境内二十二間丁田にあり六地蔵の第二なり」、繁野と河根峠に、「地蔵堂二宇　一ツは河根峠にあり六地蔵の第四なり一ツは茂野にあり」、作水に「地蔵堂　境内周十間作水にあり田和地蔵といふ六地蔵の第五なり」、桜茶屋に「地蔵堂　櫻茶屋にあり櫻茶屋地蔵といふ」と記されていますが、第三地蔵と第六地蔵が明確ではありません。

　一方、学文路では、「地蔵堂　村中にあり六地蔵の内の第一なりといふ」、神谷では、「神谷辻にあり、相賀荘清水村より六地蔵の第六にて弘法大師の作といふ」とあります。学文路の地蔵に第一とありますが、第三であれば、神谷辻に第六とあるので高野六地蔵がすべて揃います。

　学文路にあったと思われる地蔵堂が、『紀伊国名所図会』に描かれていますが、現在その痕跡がありません。学文路の街道沿いにある物狂石に地蔵石仏が集められていますので地蔵堂から移されたものがあるのかも知れません。

　神谷にあったとされる第六の地蔵は、『紀伊国名所図会』に描かれていますが、道路の改修によってか、現在は道路から奥まっているために目立ちません。

　現在、高野の六地蔵は、清水、南馬場、繁野、河根峠、作水、桜茶屋にありますが、学文路と神谷辻は高野街道の分岐点があり重要な位置にあります。そのため、清水、南馬場、「学文路」、河根峠、桜茶屋、「神谷辻」とも考え

られます。

　一方、学文路の地蔵が六地蔵の内の「第一なり」とあるのを重視すれば、学文路、繁野、河根峠、作水、桜茶屋、神谷辻であったと考えるのが、登山口から高野街道6か所に地蔵堂があって自然であるかも知れません。

5　黒河道の経路

　近年まで、一般に黒河道の経路を具体的に示す史料がないとされ、黒河道は「まぼろしの道」ともいわれるほどでした。

　そこで、橋本から高野山までの黒河道の経路を示すに当たって、現地にある限られた道標石と『紀伊続風土記』の［山川・道路］に関する記述や『紀伊国名所図会』の絵図と記述、そして江戸時代の古絵図では『奥院絵図』（金剛峯寺蔵）、『高野山奥院総絵図』（持明院蔵）、『高野全山総絵図』（西室院蔵）、『東江村絵図』（惣寺領内別絵図）、『北又郷絵図』（御修理領諸庄之絵図）、『高野寺中并内山外山惣絵図』（金剛峯寺蔵）、『丹生川村絵図』（丹生川丹生神社蔵）、『清水組内六ヶ村絵図』（橋本市清水区有）、『清水組向副三ヶ村絵図』（橋本市郷土資料館蔵）などをたよりとして、高野山から山麓の橋本までの道をつなげていくこととしました。

　その結果、それまでの出版物等で記載されていた黒河道の経路とは違ったルートが浮かび上がってくることとなりましたが、詳細は別稿でといたします。

　なお、世界遺産「紀伊山地の霊場と参詣道」の追加登録をめざすに当たって、黒河道が単なる物資輸送の道であって参詣道であるか疑問であり追加登録の対象とすることを否定する意見が地域識者の大勢を占め、黒河道の経路を示すだけでなく、参詣道であったことを証明する必要がありました。

　参詣道である特徴としてあげられるのが、道沿いに接待所（茶屋等）や水場（弘法井戸等）があったか、高野山への道標が立てられていたかなどがあります。本書第5章でそのいずれについても取り上げていますが、当時の地域識者の方々の多くからは受け入れていただけませんでした。

6　町石道の起点・終点と町石

町石道の起点・終点

　『紀伊続風土記』［慈尊院］の項の中で、「古記に町卒都婆の事を記して福井辻堂建始」とあり、『高野山秘記』においても、「始め山下大論福居辻堂より」と町卒都婆の始まりを福居辻堂としています。

　福居（井）辻堂にあった町卒都婆が木製であったか石製であったかは確かでありません。しかし、永享4年（1432年）の金剛峯寺文書『墾路ならびに奥院山樹木等禁制事』には、「大門脇より福井辻に至る墾路」とあって、町石道の完成後およそ150年が経過している時代の文書に墾路といわれた町石道の起点または終点の一方を福居（井）辻としています。

　『紀伊続風土記』の［福居辻堂］の項には、「此堂今は廃して所在も詳ならず」とあって、江戸時代後期には、福居（井）辻堂は廃されていて所在がわからなくなっています。伝承によれば、天文9年（1540年）に洪水予知があり、堂塔が建つ慈尊院境内が現在の場所に移転したとされています。

　180町石と福居（井）辻堂があった場所は、現在の慈尊院境内の中にあったのではないでしょうか。そのため180町石は慈尊院西門の外にあった阿闍梨寺の南、築地塀が途切れたところに移転され、福居（井）辻堂は慈尊院境内に小堂として残されたと考えます。

　辻堂の多くは、地蔵尊が祀られていることから、福居（井）辻堂が地蔵堂であったとすれば、『紀伊続風土記』の［慈尊院］の項にある「水向地蔵尊　塔の北に小堂あり」に当たるとも考えられます。なお、180町石は、『紀伊国名所図会』などでは阿闍梨寺の南に描かれていますが、丹生官省符神社階段の踊り場右手に現在は移設されています。一方、福居（井）辻堂については、廃堂となって時代が進むとともに、その存在さえ忘れられているようです。

　現在の慈尊院境内は、丹生官省符神社への階段上り口にありますが、伝承では天文9年（1540年）以前には現在よりも北方、紀の川河畔近くに位置し、洪水予知により高台に移転したとあります。紀の川河畔近くから現在の慈尊

院までの間に、町石供養碑の一部や下乗石の一部が発見されています。

　当初は、180町石と紀の川河畔近くの旧慈尊院境内との間にはおよそ1町（約109m）の距離があって、高野山への町石道の始まりは180町石でなく、流失以前の慈尊院境内からが始まりであったとも考えられます。

　高野山壇上伽藍近くにある慈尊院側の胎蔵（界）曼荼羅、奥之院側の金剛界曼荼羅の各1町石についても、1町石が起点または終点ではなく、そのおよそ1町（約109m）先にあると考えます。

　1町（約109m）先にあるものとは、慈尊院がいわゆる「発心門」とされ、慈尊院側の胎蔵（界）曼荼羅の町石180基がそれぞれ大日如来の分身である仏尊で、胎蔵（界）曼荼羅の外側から中心の大日如来に向けて修行を重ねていく「向上門」とするならば、修行を重ねてたどり着く先は1町石ではなく、胎蔵（界）曼荼羅の中心にある大日如来を本尊とする根本大塔と考えます。ただし、根本大塔のほかに、中門、金堂、壇上伽藍などの諸説があります。

　根本大塔そのものが巨大な五輪塔であり卒都婆であって、数字でいえば「0」であり、このことから大日如来とする町石が胎蔵（界）曼荼羅180基の中に存在しないということが理解できるのではないかと考えます。

　慈尊院がいわゆる「発心門」であれば、壇上伽藍は「等覚門」であって、「発心門」から修行の結果、「等覚門」で悟りを得る。そして、金剛界大日如来を背にすることで一体となり奥之院御廟に向かいます。

　そして、その始まりは、根本大塔のすぐ東側にある奥之院側の1町石ではなく、西におよそ1町（約109m）手前にあるものであり、金剛界曼荼羅の中心にある大日如来を本尊とする西塔であると考えます（西塔の本来の位置は現在の御影堂附近との説があります）。

　壇上伽藍西端に建つ西塔もまた巨大な五輪塔の卒都婆であって、数字でいえば「0」であり、このことから大日如来とする町石が金剛界曼荼羅36基の中に存在しないということが理解できるのではないかと考えます。

町石道の距離と町石の数

　壇上伽藍から奥之院までの町石道は、36町で町石の数36基が立てられていますが、古くからの記録の多くが、なぜ36町または37町の距離に37

基の町卒都婆が立つとされているのでしょうか。

　それは、金剛界曼荼羅にとって37 という数字の意味に関係があります。胎蔵（界）曼荼羅では、中央の大日如来をはじめとした四百余の諸尊で構成されているため、慈尊院までの180町が胎蔵（界）曼荼羅を構成する主だった180尊であるのに対し、金剛界曼荼羅は、「九会曼荼羅」とも呼ばれる九つに区分され、その中央は大日如来をはじめとした37尊によってまとめられています。そのため金剛界は37尊での構成が基本であって、「金剛界三十七尊」と呼ばれる所以があります。

　これまでの調査によると、慈尊院側と奥之院側の1町の長さに差があって、調査の1例では1町の長さの平均が慈尊院側で約109 m、奥之院側で約90 mとなっています。このことは、壇上伽藍から奥之院まで36町を金剛界37尊の町卒都婆を立てるために奥之院までの距離を「三十六」あるいは「三十七」で割ったものを奥之院側の1町としているようです。

　それが推測できる史料として、平安時代末期、公卿中山忠親の日記『山槐記』の保元3年（1158年）9月29日の条に、「奥院に参る。中院より廿余（二十余）町なり、大門より卅六（三十六）町云々。その道は坂無し、平地なり」とあり、金剛界37尊にとらわれない場合の実際の奥之院までの距離を大門から36町であって壇上伽藍近くにある中院からでは20町余りと記しています。

　これにより大門から奥之院までの調査距離の1例、3,889 mを「三十六」で割ると1町が約110 mの長さとなります。また、大門近くに7町石があるので壇上伽藍までの距離は7町あるといえます。

　日記『山槐記』により大門から奥之院までの距離が36町とすると、壇上伽藍から奥之院までの距離は差引で29町あって、壇上伽藍から奥之院までの調査距離の1例、3,183 mを1町約110 mで割ると29町となり、正確に一致します。

　このことは、大門から奥之院までの実際の距離を36町、壇上伽藍から奥之院まで29町と正確に把握していましたが、奥之院側を金剛界37尊とするために1町の長さを平均で約90 mに縮めて36町としていることとなります。

　ここで、奥之院側の町卒都婆の本数に問題を戻します。36町間に1町ごとと町卒都婆を立てると36本となり、金剛界37尊では37本が必要で1本足らなくなります。天治元年（1124年）の『鳥羽上皇高野御幸記』では、

奥之院側の各1町の長さを縮めて1本を加えて37本としているとあります。

　先に示しましたように、壇上伽藍西端に建つ西塔もまた巨大な五輪塔で卒都婆であって、西塔の本尊が金剛界の中心にある大日如来であることから数字でいえば「0」の町卒都婆であるとすれば、36町間に37本の町卒都婆が立つことになります。なぜ、1本を加える必要があったのでしょうか。それは、壇上伽藍の歴史と関係があったと考えます。

　年代について諸説ありますが、西塔は焼失と再建を繰り返しています。西塔建立の仁和3年(887年)から町石の造立を始めた文永2年(1265年)までには、133年にわたって再建されていない期間があります。そのため奥之院側の町卒都婆については、西塔が欠けて「0」が存在していない間は、金剛界大日如来の町卒都婆を含めて37本必要であったのではないでしょうか。

　根本大塔においても、西塔と同様に焼失と再建を繰り返しています。しかし、慈尊院側の町卒都婆の180という数字は、金剛界での37尊という数字が基本であるのに対して、胎蔵（界）曼荼羅の大日如来を囲む如来、菩薩、明王などから155尊の仏尊と最外周の多くの諸天・天文神などから25尊を選んで合わせた数であって、胎蔵（界）曼荼羅においては「百八十」という数が、金剛界における「三十七」のような特段の意味ある数字とは思えません。

　したがって、根本大塔の焼失によって慈尊院から壇上伽藍までの胎蔵（界）の立体曼荼羅を構成する大日如来の巨大な町卒都婆の「0」が欠けた状態にあっても、金堂などによる何らかの代替え要素があって、あえて根本大塔に代わる町卒都婆を立てなかったのではないでしょうか。町石道の慈尊院側の起点・終点が根本大塔のほかに「中院」、「壇上伽藍」、「根本大塔の前庭」、「金堂」、「中門」などと一定しない原因かも知れません。

　町石の造立のためにかかった1265年から1285年にかけてのおよそ20年間は、大塔および西塔がともに再建されていた時期と重なり、胎蔵（界）および金剛界の曼荼羅において巨大な五輪塔卒都婆が立っていたため、金剛界37尊については、金剛界大日如来を囲む36尊によって36基の町石を立てるに至ったと考えます。

　一方、胎蔵180尊については、胎蔵大日如来を囲む如来、菩薩、明王など155尊を町石155基として、180基とするために最外周の主要な諸天・天文神の中から25尊を選択して25基の町石を加えるに至ったと考えます。

おわりに

　本書が出版されることにより、高野七口再生保存会の活動に寄与できるものと思い、無謀ながら筆を執ることとしました。

　なお、本書については、高野七口再生保存会に監修をいただきました。

　高野七口再生保存会は、平成25年(2013年)6月に、「高野七口」の各高野参詣道を再生させ、誰もが歩行可能な参詣道の復活に寄与するとともに、沿道の自然・文化・伝統を地域の財産として保存、活用することにより、高野七口を後世に良好な形で伝え遺していくことを目的として設立し、ボランティア活動を続けています。

　具体的な活動は、高野七口再生保存会のホームページ「https://www.kouyananakuchi.jp/」を参照ください。

　なお、本書第8章では、高野七口の参詣道について、これまで解明されていない点などの考証を試みましたが、紙面が足りなくなりほとんどが概略にとどまってしまいました。

　したがって、説明の足りない点、難解な点、誤った解釈なども多々ありますので、高野七口再生保存会のホームページを通じてご指摘いただければ幸いです。

　最後に、高野参詣道を歩いていただくための心がけとして参考となるものに、世界遺産登録推進三県協議会による『紀伊山地の参詣道ルール』があります。次ページに掲載いたしますので、高野七口の参詣道を歩かれるときにも心がけをお願いします。

　本書に掲載の写真（図表28、45、48、77、82、120、121、124、第1章・第5章のとびら）については、北森久雄氏から提供いただきました。

　また、世界遺産関連社寺や紙面で紹介しきれない多くの関係の方々からご教示ご協力をいただいたことに厚く感謝を申し上げます。

　　　　　　　　　　　　　　　　　　　　　　　　　入谷　和也

『紀伊山地の参詣道ルール』（2004年：世界遺産登録推進三県協議会）

「世界遺産「紀伊山地の霊場と参詣道」は、万物、生命の根源である自然や宇宙に対する畏敬を、山や森に宿る神仏への祈りという形で受け継いできた、日本の精神文化を象徴する文化遺産です。

私たちは、このかけがえのない資産がもたらす恵みを、世界の人々がいつまでも分かちあえるよう、参詣道を歩くに当たって次のことを約束します」。

1　「人類の遺産」をみんなで守ります
　紀伊山地の自然や文化にふれ、学び、私たち共同の資産の素晴らしさを、みんなの力で末永く後世へ伝えましょう。

2　いにしえからの祈りの心をたどります
　この道には、祈りを捧げてきた多くの足跡が刻まれています。今なお続く人々の心に思いを馳せながら歩きましょう。

3　笑顔であいさつ、心のふれあいを深めます
　出会った人と声をかけあい、また地域の人々とも交流を図りましょう。

4　動植物をとらず、持ち込まず、大切にしましょう
　貴重な動植物が生息する紀伊山地では、存在するものすべてが大切な資産です。自然を愛し、守る心を持ち続けましょう。

5　計画と装備を万全に、ゆとりをもって歩きましょう
　道中は、何が起こるかわかりません、中には険しい道もあるので、天候・体調・装備などを十分考えて、無理をせず歩きましょう。

6　道からはずれないようにしましょう
　道をはずれることは危険であり、植生などを痛めることにもなります。むやみに周囲に踏み込まないようにしましょう。

7　火の用心をこころがけます
　タバコのポイ捨てなど、ちょっとした不注意から火災は起こります。火気の取扱いは十分注意しましょう。

8　ゴミを持ち帰り、きれいな道にします
　地域の人たちが古くから守り続けてきた道です。ゴミを持ち帰り、来たときよりも美しい道にしましょう。

主な参考文献

- 『遍照発揮性霊集巻第１』(1996) 定本弘法大師全集第８巻（密教文化研究所弘法大師著作研究会）
- 『史跡探訪　京の七口』(1975) 京都新聞社
- 『新版改訂鎌倉観光文化検定公式テキストブック』(2018) 監修鎌倉商工会議所（かまくら春秋社）
- 『紀伊續風土記』(1990 復刻) 仁井田好古他編（臨川書店）原本は天保 10(1839 完成)
- 『紀伊國名所図會』第３編 (1991 復刻) 高市志友他編（東洋書院）
- 『中世高野山縁起集』真福寺善本叢刊第九巻 (1999) 国文学研究資料館（臨川書店）
- 『高野山通念集』(1976) 近世文藝叢書　名所記２（国書刊行会）
- 『葛城先達峯中勤式廻行記』(1984)『山岳宗教史研究叢書修験道資料集Ⅱ』（名著出版）
- 『天正高野治乱記』(1987) 南谷一炊『続真言宗全書第 41 史伝部』（続真言宗全書刊行会）
- 『御室御所高野山参籠日記』(1906)『大日本古文書家わけ１／４高野山文書之４』（東京大学史料編纂所）
- 『弘法大師御手印縁起』(1992) 定本弘法大師全集第７巻（密教文化研究所弘法大師著作研究会）
- 『金剛峯寺建立修行縁起』(1926)（『続群書類従 28 輯上』（続群書類従完成会）
- 『野山名霊集』(1979) 日野西眞定（名著出版）
- 『高野山信仰史の研究』(2016) 日野西真定（岩田書院）
- 『高野山の女人禁制』(2004) 日野西真定（雑誌東方界からの高野山の女人禁制に関する記事抜刷）
- 『新校　高野春秋編年輯録　増訂第二版』(1998) 日野西眞定（岩田書院）
- 『高野山古絵図集成』(1983) 日野西眞定（清栄社）
- 『高野山古絵図集成　解説索引』(1988) 日野西眞定（タカラ写真製版）
- 『高野山と真言密教の研究』(2000) 五来重編（名著出版）
- 『現代仏教』「女人結界の廃止顛末」(1933) 神亀法寿（大雄閣書房）
- 『高野山領荘園の研究』(1938) 江頭恒治（有斐閣）
- 『高野山町石の道』(1986) 宮川良彦（武田書店）
- 『高野山町石の研究』(1973) 愛甲昇寛（高野山大学密教文化研究所）
- 『高野への道　いにしへ人と歩く』(2001) 村上保壽・山陰加春夫（高野山出版社）
- 『歩く旅シリーズ　高野山を歩く』(2003) 山と渓谷社
- 『はじめての「高野山町石道」入門』(2009) 木下浩良（セルバ出版）
- 『改訂版　はじめての「高野山町石道」入門』(2009) 木下浩良（セルバ出版）
- 『はじめての「高野山奥之院の石塔」入門』(2015) 木下浩良（セルバ出版）
- 『高野街道を歩く』(1992) 武藤善一郎（産經経新聞生活情報センター）
- 『関西　山越えの古道（中）』(1994) 中庄谷直（ナカニシヤ出版）
- 『空海と行く宇宙古道』(2002) 橋詰弘（大阪書籍）
- 『熊野古道・小辺路　今昔　高野山から熊野へ』(2003) 北ային清一・写真橋詰弘
- 『西高野街道に遊ぶ　西高野街道 58km 完全踏破ガイドブック』(2009) 横山豊（新葉館出版）
- 『西高野街道　ウォーキング徹底ガイド』(2009) 西高野街道観光キャンペーン協議会構成団体（プラスワン・クリエイト）
- 『西高野街道の里道標石をたずねて』歩こう会編集委員　桜井隆治・瀬崎浩孝・山田勝彦（イラスト）
- 『てくころ文庫 Vol.2 高野街道―京・大坂道―』(1993) 橋本市文化財探訪テクコロジー実行委員会（紀の川印刷）
- 『良寛巡礼』(1992) 小林新一（恒文社）

- 『作水峠（神谷の仇討）日本最後の仇討』(1992) 寺本秀男
- 『蟻さんの熊野紀行Ⅲ 高野・小辺路を行く(堺・高野街道〜高野山・本宮編)』(2005) 山村茂樹（ナカニシヤ出版）
- 『和州吉野郡群山記その踏査路と生物相』(1998) 御勢久右衛門（東海大学出版会）
- 『能に憑かれた権力者 秀吉能楽愛好記』(1997) 天野文雄（講談社）
- 『豊公能≪高野参詣≫制作上演の背景』(2012) 小林健二（文学 隔月間第13巻・第5号 岩波書店）
- 『高野町史別巻 高野町の昔と今』(2014) 高野町史編纂委員会（高野町）
- 『和歌山県文化財ガイドブック』(2007) 和歌山県教育委員会文化遺産課
- 『近畿地方の歴史の道1』(2005) 大阪府教育委員会報告書編集（海路書院）
- 『近畿地方の歴史の道3』(2005) 和歌山県教育委員会報告書編集（海路書院）
- 『和歌山懸史蹟名勝天然記念物調査會報告（十八輯）』(1939) 和歌山県
- 『信長公記下巻』(1991) 太田牛一著 榊山潤訳（富士出版）
- 『伊都郡学文路村誌』(1936) 学文路史蹟調査会編（学文路史蹟調査会）
- 『玉川神社玉川に付き四十八石の事全和歌古今集』復刻 (2011) 亀石いとこ会
- 『駒井日記』(1992) 駒井重勝・藤田恒春☒編校訂（文献出版）
- 『太閤記』(1979) 小瀬甫庵原著 吉田豊☒訳（教育社）
- 『校註謡曲叢書第一巻』(1987 復刻版) 芳賀矢一・佐佐木信綱（臨川書店）
- 『弘法大師と高野参詣』(2015) 和歌山県立博物館
- 特別展「没後四〇〇年 木食応其―秀吉から高野山を救った僧―」』(2008) 和歌山県立博物館
- 『久保小学校創立百周年記念誌』(1978) 久保小学校創立百周年記念事業実行委員会（昭文堂）
- 『九度山町史』(1965) 九度山町史編纂委員会（九度山町）
- 『改訂九度山町史 民俗文化財編』(2004) 九度山町史編纂委員会（九度山町）
- 『九度山町史 史料編』(2003) 九度山町史編纂委員会（九度山町）
- 『橋本市史 古代・中世史料編』(2012) 橋本市史編さん委員会（橋本市）
- 『椎手から椎出（椎出の変遷）』(2016) 椎出ふるさとづくりの会
- 『(鳥羽上皇）高野御幸記』(1898)『群書類従第2輯』（経済雑誌社）
- 『長秋記1』(1965) 増補史料大成（増補史料大成刊行会編）
- 『続遍照発揮性霊集補闕抄巻第8』(1991) 定本弘法大師全集第8巻（密教文化研究所弘法大師著作研究会）
- 『続遍照発揮性霊集補闕抄巻第9』(1991) 定本弘法大師全集第8巻（密教文化研究所弘法大師著作研究会）
- 『山槐記2』(1965) 増補史料大成（増補史料大成刊行会編）
- 『伏見宮家九条家旧蔵諸寺縁起集』(1970) 図書寮叢刊（宮内庁書陵部編）
- 『世界遺産「紀伊山地の霊場と参詣道」に関する包括的な保存管理計画』
- 『世界遺産「紀伊山地の霊場と参詣道」和歌山県保存管理計画（分冊3）』

著者略歴

入谷　和也（いりたに　かずや）

和歌山県生まれ。
和歌山大学経済学部卒業。36 年間勤めた職場を定年退職。
大阪ウオーキング連合理事。
2013 年、高野七口再生保存会を設立、事務局を務める。

《高野七口再生保存会》
　　事務局所在地：和歌山県橋本市三石台 1-1-3-414
　　ホームページ：https://www.kouyananakuchi.jp/

はじめての「高野七口と参詣道」入門

2019 年 4 月 19 日　初版発行

著　者　　入谷　和也　　© Kazuya Iritani
監修者　　高野七口再生保存会
発行人　　森　　忠順
発行所　　株式会社 セルバ出版
　　　　　〒 113-0034
　　　　　東京都文京区湯島 1 丁目 12 番 6 号 高関ビル 5 Ｂ
　　　　　☎ 03（5812）1178　　FAX 03（5812）1188
　　　　　http://www.seluba.co.jp/
発　売　　株式会社 創英社／三省堂書店
　　　　　〒 101-0051
　　　　　東京都千代田区神田神保町 1 丁目 1 番地
　　　　　☎ 03（3291）2295　　FAX 03（3292）7687

　　　　　印刷・製本　モリモト印刷株式会社

●乱丁・落丁の場合はお取り替えいたします。著作権法により無断転載、複製
　は禁止されています。
●本書の内容に関する質問は FAX でお願いします。

Printed in JAPAN
ISBN978-4-86367-486-8